一课研究丛书
数与代数系列

朱乐平○主编

比例的意义
教学研究

邵爱珠 / 著

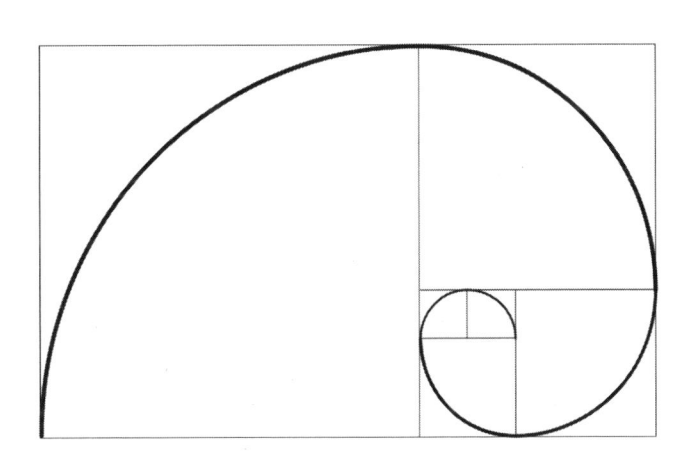

江西教育出版社
JIANGXI EDUCATION PUBLISHING HOUSE
·南昌·

图书在版编目(CIP)数据

比例的意义教学研究 / 邵爱珠著 . —— 南昌：江西教育出版社，2021.6
（一课研究丛书 / 朱乐平主编 . 数与代数系列）
ISBN 978-7-5705-0469-5

Ⅰ . ①比… Ⅱ . ①邵… Ⅲ . ①小学数学课 – 教学研究
Ⅳ . ① G623.502

中国版本图书馆 CIP 数据核字 (2021) 第 038030 号

一课研究丛书·数与代数系列

比例的意义教学研究
BILI DE YIYI JIAOXUE YANJIU

邵爱珠　著

江西教育出版社出版

（南昌市抚河北路 291 号　　邮编：330008)
各地新华书店经销
江西省和平印务有限公司印刷
700 毫米 ×1000 毫米　　16 开本　　11.25 印张　　字数 161 千字
2021 年 6 月第 1 版　　2021 年 6 月第 1 次印刷
ISBN 978-7-5705-0469-5
定价：38.00 元

赣教版图书如有印装质量问题，请向我社调换　电话：0791-86710427
投稿邮箱：JXJYCBS@163.com　　电话：0791-86705643
网址：http://www.jxeph.com

赣版权登字 -02-2021-086
版权所有　侵权必究

序

教师想上好一节小学数学课，常常需要一些资料进行阅读与研究，现在大家比较习惯于网上搜索，搜索的结果看上去内容有很多，但由于没有经过很好的筛选，要找到自己想要的内容，还是一件困难的事。本丛书试图为数学教师提供一个"资料超市"，为教师上好一节数学课，提供十分有用的资料，减轻教师备课、上课与研究课的工作焦虑与负担。

我们团队从2007年开始进行一课研究，到2014年出版了"一课研究丛书·图形与几何系列"。经过五年多时间研究，包括听取读者的反馈意见，我们在原来的基础上，即将出版这套"一课研究丛书·数与代数系列"（以下简称"丛书"）。这套丛书是对课的研究，其中的每一本都是围绕小学数学"数与代数"领域的一节课（或者是相关的一类课）进行多视角系统研究而形成。

研究的内容主要是根据一线教师的课堂教学实践和理论水平提高的需要来确定。主要从以下几个维度为数学教师提供"资料超市"：

第一，数学知识维度。要上好一节课，围绕这一节课的知识点，教师应该要比学生有更多的数学知识，人们常常称之为本体性知识，丛书形象地称为"上位数学知识"。它是针对这一节课的内容，寻找与这节课相关的初中、高中（或中等师范学校）、大学数学知识。很显然，没有上位数学知识是无法上好一节课的，但只有上位数学知识还远远不够，必须从上位数学知识中获得对小学数学教学的启示。也就是说，要把围绕一节课的上位数学知识与小学数学紧密结合，指导小学数学教师进行教学。这一维度的研究主要解决教师在知识上的"一桶水"问题。

第二，课程标准维度。从理论上说，一个教师有了数学知识以后，首先要关注的就是课程标准。这是因为数学课程标准是一个规定了数学学科的课程性质、目标、内容和实施建议的教学指导性文件。对一节课展开研究应该从最高的纲领性文件入手，明确这节课的目标定位。丛书中所涉及的每一节课，作者都查阅了自20世纪初到现在的一百多年里的所有数学课程标准（教学大纲），展现出一节课的历史沿革过程并从中获得启示。

第三，教材比较维度。数学教材为学生学习一节课的内容提供了基本线索和知识结构，是重要的数学课程资源。丛书对一节课的教材从多个角度进行比较研究。从时间的角度看，进行了纵向与横向的比较研究。纵向比较研究是对同一个出版社或同一个主编在不同时期编写的教材进行多角度比较，从历史的沿革中感悟对一节课不同时期的编写特点。横向比较是对同一时期出版的多种不同版本的教材进行比较。从地域的角度看，丛书中进行了国内各地区教材的比较，国内教材与国外教材的比较。教材比较研究可以为教师上好一节课开阔视野，寻找到许多有价值的课程资源。

第四，理论指导维度。没有实践的理论是空虚的，没有理论的实践是盲目的。要上好一节课，自然需要理论的指导。奇怪的是我们虽然有许多的教育理论，但要真正系统地指导一节课的时候，特别是要指导一节课进入实践操作时，却又常常是困难的。丛书在数学教育理论指导课堂教学方面做了探索，努力做到让理论进入课堂教学实践，使实践者能够真正感受到理论的力量。

第五，学生起点维度。学生是学习的主体，要进行一节课的教学，自然要研究学生的起点。丛书不仅阐述如何了解学生起点的方法，而且还围绕一节课的学习，对学生起点情况进行分析与研究，从而更好地帮助教师进行教学设计。

第六，教学设计维度。有了上述五个维度的研究后，我们就可以进入教学设计维度的研究。丛书首先对一节课的教学设计进行综述，把散见在各种杂志（如《小学数学教师》《小学教学》等）和专著上的教学设计成果进行整理,明确这节课目前的所有研究成果,然后再根据学生的情况和多个不同的角度设计出新的不同的教学过程。这些新的教学设计都可以直接进入课堂教学实践。

第七,课堂教学维度。有了教学设计就可以进入课堂教学研究。这一维度主要是对一节课进行课堂教学的观察与评价。丛书将阐述如何从多个角度了解教师与学生的情况,如何对教师的教与学生的学进行观察与评价。

第八,课后评价维度。课后评价维度是指在学生学习了一节课以后,对学生的学习情况进行了解与评价。本丛书将从情感态度与知识技能两个大的方面对学生进行评价,包括如何进行课后的测查与访谈,以及对学生容易掌握的内容和容易出错的地方进行调查与研究,等等。

第九,校本教研维度。校本教研的重要性不言而喻。丛书将围绕一节课提供校本教研的活动方案,即提供教师对一节课开展系列研究的活动方案,以便对一节课进行全面、深入、系统的研究。

上述九个维度是丛书研究的基本视角,每一本书的作者会根据课的具体内容与特点有所侧重地展开研究。每一本专著既有自己的个性,又有丛书的共性。

丛书的作者是一线的小学数学教师或教研员,他们将自己对数学教育的理解,用自己熟悉的话语方式进行表达,并根据一线数学教师的需要写成了专著,试图为一线教师开展教学活动提供方便,促进数学教师的专业发展。

朱乐平
2019 年 8 月于杭州

目 录

1 上位数学知识研究 …………………………………………… 001

  1.1 上位数学知识解读 ………………………………………… 002

    1.1.1 比例 …………………………………………………… 002

    1.1.2 诱导比例 ……………………………………………… 005

    1.1.3 正比例与反比例 ……………………………………… 006

    1.1.4 比例思维 ……………………………………………… 007

    1.1.5 黄金比 ………………………………………………… 008

    1.1.6 名家研究探析 ………………………………………… 009

  1.2 上位数学知识对教学的启示 ……………………………… 010

    1.2.1 比例与比的区别 ……………………………………… 010

    1.2.2 合理运用上位数学知识辅助教学 …………………… 012

2 课程标准(教学人纲)研究 …………………………………… 014

  2.1 国内课程标准(教学大纲)研究 …………………………… 014

    2.1.1 20世纪课程标准(教学大纲)的教学要求与变化 …… 014

    2.1.2 21世纪课程标准(教学大纲)的教学要求与变化 …… 016

2.2 国外课程标准(教学大纲)研究 ………………………………… 019
　2.2.1 澳大利亚课程标准的教学要求 …………………………… 020
　2.2.2 加拿大课程标准的教学要求 ……………………………… 021
　2.2.3 芬兰课程标准的教学要求 ………………………………… 022
　2.2.4 法国课程标准的教学要求 ………………………………… 022
　2.2.5 日本课程标准的教学要求 ………………………………… 024
　2.2.6 新加坡教学大纲的教学要求 ……………………………… 024
　2.2.7 美国课程标准的教学要求 ………………………………… 026
2.3 课程标准(教学大纲)研究对教学的启示 ……………………… 027
　2.3.1 国内课程标准(教学大纲)研究对教学的启示 ………… 027
　2.3.2 国外课程标准(教学大纲)研究对教学的启示 ………… 029

3 教材研究 …………………………………………………………… 030
3.1 教材纵向比较 …………………………………………………… 032
　3.1.1 不同时期人教版小学数学教材比较 …………………… 032
　3.1.2 不同时期人教版师范教材比较 ………………………… 056
3.2 教材横向比较 …………………………………………………… 058
　3.2.1 教材结构比较 …………………………………………… 058
　3.2.2 概念引入方式比较 ……………………………………… 061
　3.2.3 习题比较 ………………………………………………… 068
　3.2.4 中国台湾教材简介 ……………………………………… 078
3.3 其他教材介绍 …………………………………………………… 083
3.4 教材研究对教学的启示 ………………………………………… 086

4 学生起点研究 ... 087

4.1 二至六年级学生前测分析 ... 087
4.1.1 前测原因 ... 087
4.1.2 前测试题 ... 088
4.1.3 测试对象与结果 ... 088
4.1.4 解题策略分析 ... 089
4.1.5 结论与启示 ... 095

4.2 大班至二年级学生前测分析 ... 096
4.2.1 大班学生对比例问题的理解 ... 096
4.2.2 一、二年级学生对比例问题的理解 ... 098
4.2.3 结论与启示 ... 102

4.3 六年级学生前测分析 ... 102
4.3.1 前测原因 ... 102
4.3.2 前测试卷 ... 103
4.3.3 结论与启示 ... 105

5 教学设计研究 ... 108

5.1 教学设计综述 ... 108
5.1.1 教学目标综述 ... 109
5.1.2 教学过程分析 ... 114

5.2 同课异构研究 ... 125
5.2.1 基于教材设计教学 ... 126
5.2.2 基于经验设计教学 ... 128
5.2.3 基于学生自学和提问设计教学 ... 130

- 5.2.4 从渗透函数思想的角度设计教学 …… 133
- 5.2.5 基于美学设计教学 …… 135
- 5.2.6 同课异构研究对教学的启示 …… 139
- 5.3 系列课研究 …… 139
  - 5.3.1 认识比例的系列课 …… 139
  - 5.3.2 低年级认识比例系列课教学设计 …… 141
  - 5.3.3 中年级认识比例系列课教学设计 …… 144
  - 5.3.4 高年级认识比例系列课教学设计 …… 149
  - 5.3.5 系列课研究对教学的启示 …… 153

6 拓展话题 …… 154
- 6.1 比例推理 …… 154
  - 6.1.1 比例推理研究探析 …… 155
  - 6.1.2 比例推理的过度使用 …… 158
  - 6.1.3 比例推理研究对教学的启示 …… 160
- 6.2 校本教研方案 …… 161

参考文献 …… 167

后记 …… 169

1　上位数学知识研究

电视机的尺寸不同,为什么播出的图像却不变形?女生穿多高的高跟鞋才能显示最佳身材?外币是根据什么来兑换人民币的?……丰富多彩的现实生活中无处不存在着比例。"比例"一词来源于拉丁语 portiō。比例的知识是在分配、测量等实践活动中逐步积累、提炼而成的。早在我国的《九章算术》一书中,就有关于比例问题的记载,叫"今有术"。它是利用已知的所有数、所有率和所求率求出所求数的方法,即所求数=(所有数×所求率)÷所有率。在中国,"今有术"一词一直沿用至清代,吴嘉善在《白芙堂算学丛书》一书中对其进行阐述:"所有率、所求率者,举以为例之两数也……唯此两率者,为例已定,故今所设之数可比照以求,所以亦名比例式也。"比例一词因此引入。

那么,数学中比例具体指什么?比和比例有什么联系与区别?比、比例和比率与自然界有什么关系?学习比例的知识对人类有什么价值?我们发现,有关比和比例的知识贯穿于整个义务教育阶段的数学教学中,甚至持续到高中阶段的数学教学。以人教版数学教材为例,教材从二年级开始教学乘法;三年级开始编排分数;五年级让学生继续认识分数,并进行简单的加减运算;六年级让学生学习分数的乘除运算,并展开"比和比例"的教学;八年级之后让学生相继学习正比例函数和反比例函数、相似三角形等;高中阶段,让学生在平面解析几何中学习斜率的概念。因此,比和比例是与有理数、函数、相似图形、概率等各方面数学知识都有着密切联系的一个重要的学习内容。

1.1 上位数学知识解读

1.1.1 比例

数学是一门研究"关系"的学问。所谓"关系",是指所讨论的两个对象之间是否满足某些条件的联系。

(1) 比例的定义

"比例"反映了两种量的内在联系,即两种相关联的量,它们相对应的两个数值之比,等于它们相对应的另外两个数值之比。换句话说,如果 a 与 b 的比同 c 与 d 的比相等,那么我们就可以说 a、b、c、d 四个数成比例,或者说,表示两个比相等的式子叫作比例,记作 $a:b=c:d$,读作"a 比 b 等于 c 比 d"。

(2) 比例的意义

要理解比例的定义,关键是要理解其本质和要素。比例的本质是一个等式,描述的是两个比值相等的比之间的关系。如有两个比 2.4:1.6 和 60:40,因为这两个比的比值相等,所以这两个比可以叫作相等的比;当然,两个比的比值相等,我们还可以用等号"="将这两个比连接起来,即 2.4:1.6 = 60:40,也可以写成 $\frac{2.4}{1.6}=\frac{60}{40}$。像"2.4:1.6 = 60:40"这样的表示两个比相等的式子就叫比例。

(3) 比例各部分的名称

比例研究的是四个数之间的关系。组成比例的四个数,叫作比例的项。若 $a:b=c:d$,则 a、b、c、d 依次叫作第一、二、三、四比例项;a 和 d 又叫作比例的外项,b 和 c 又叫作比例的内项。

例如:　　　　2.4:1.6 = 60:40

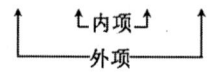

$$\underset{\text{外项}}{\underbrace{\quad\overset{\text{内项}}{\overbrace{\quad\quad\quad}}\quad}}$$

如果把上面的比例写成分数形式:$\frac{2.4}{1.6}=\frac{60}{40}$,2.4 和 40 仍然是外项,1.6

和60仍然是内项。如果比例中的两个内项相等,则每一个内项叫作两个外项的比例中项,即 $a:b=b:c$,那么 b 是 a、c 的比例中项。

(4)比例的基本性质

《现代汉语词典》对"性质"一词是这样解释的:一种事物区别于其他事物的根本属性。在比例里,两个外项的积等于两个内项的积,这叫作比例的基本性质。即如果 $\frac{a}{b}=\frac{c}{d}$(a、b、c、d 都不等于0),那么 $ad=bc$。

显然,当比例中的两个比写成分数形式时,两个外项的积等于两个内项的积,也可以看成等号两边分子、分母交叉相乘的积相等。我们可以试着证明一下。

证明:根据等式的基本性质,用 bd 去乘 $\frac{a}{b}=\frac{c}{d}$ 的两边,即

$$\frac{a}{b} \times bd = \frac{c}{d} \times bd,$$

得　$ad=bc$。

特殊地,如果 $a:b=b:c$,那么 $ac=b^2$,也就是两个外项的积等于比例中项的平方。

比例基本性质的应用主要体现在两个方面,一是用于判断两个比是否可以组成比例,二是解比例。

例如:判断 $0.2:2.5$ 和 $4:50$ 这两个比是否可以组成比例。

我们可以根据比例的意义,看比值来判断:因为 $0.2:2.5=\frac{2}{25}$,$4:50=\frac{2}{25}$,所以 $0.2:2.5=4:50$。

也可以根据比例的基本性质,通过计算并比较两个比的内项之积和外项之积是否相等来判断:因为 $0.2 \times 50 = 10$,$2.5 \times 4 = 10$,所以 $0.2:2.5=4:50$。

这样,我们可以灵活运用比例的意义和比例的基本性质两种途径来判断两个比是否可以组成比例。

这是一个非常有趣的问题:已知 $24 \times 3 = 8 \times 9$,根据比例的基本性质,你

能写出比例吗？能写多少个？聪明的你试着写一写就会发现，最终只有八个比例式是不同的：

24∶8＝9∶3　　8∶24＝3∶9　　3∶9＝8∶24　　9∶24＝3∶8
24∶9＝8∶3　　8∶3＝24∶9　　3∶8＝9∶24　　9∶3＝24∶8

我们很容易看出，这八个比例式是恒等变形，各个数在比例中的位置不同。其实，我们是根据比例的基本性质，又反过来利用了它，得到比例式，即已知 $ad=bc$，因为 $\dfrac{ad}{bd}=\dfrac{bc}{bd}(bd\neq 0)$，则可以得到 $\dfrac{a}{b}=\dfrac{c}{d}$。同理可以得到：$\dfrac{a}{c}=\dfrac{b}{d},\dfrac{d}{b}=\dfrac{c}{a},\dfrac{d}{c}=\dfrac{b}{a}$。再把这四个比例式的左右两个比互相交换，又可得到另外四个比例式：$\dfrac{c}{d}=\dfrac{a}{b},\dfrac{b}{d}=\dfrac{a}{c},\dfrac{c}{a}=\dfrac{d}{b},\dfrac{b}{a}=\dfrac{d}{c}$。

利用比例的基本性质，可以检验一个比例是否正确，还可以确定四个数能否组成比例。

（5）解比例

前面提到，根据比例的基本性质，可以解比例。如果已知比例中的任何三项，就可以求出这个比例中的另外一个未知项，求比例中的未知项，叫作解比例。

例如：解比例 $4∶5=12∶x$。

方法一：$4∶5=12∶x$　　　　　方法二：$4∶5=12∶x$
　　　　　$4x=5\times 12$　　　　　　　　　　$12∶x=\dfrac{4}{5}$
　　　　　$x=15$　　　　　　　　　　　　　　$x=12\div\dfrac{4}{5}$
　　　　　　　　　　　　　　　　　　　　　　$x=15$

从这两种方法可以看出，解比例既可以根据比例的基本性质来计算，也可以把其中一个比看成分数，把解比例转化成求比的未知项。两种方法都可以看作是依据等式的基本性质解方程。

求出未知项的值后，要把它代入原比例式，根据比例的意义或比例的基本性质进行验算，判断比例是否成立。

> **思考**
> 你能将上一题的解检验一下吗？请试一试吧。

1.1.2 诱导比例

(1) 诱导比例的定义

我们已经知道:将比例 $\frac{a}{b}=\frac{c}{d}$ 的各项进行适当交换,可以得到不同形式的七个比例。这八个比例只是形式不同,也就是各个数在比例中的位置不同。像这样在一个比例中,对某些项进行某种运算,由此而得到新的比例,叫作诱导比例。诱导比例是比例的一种恒等变形,除了上面讲到的八个比例,下面我们还将介绍几种。

(2) 诱导比例的类别

①反比定理:如果两个比相等,那么它们的反比也相等,即:如果 $\frac{a}{b}=\frac{c}{d}$ (a、b、c、d 都不等于零),那么 $\frac{b}{a}=\frac{d}{c}$。

②更比定理:交换比例的两个内项(或外项),所得的比例仍旧成立,即如果 $\frac{a}{b}=\frac{c}{d}$ (a、b、c、d 都不等于零),那么 $\frac{a}{c}=\frac{b}{d}$ (交换内项),$\frac{d}{b}=\frac{c}{a}$ (交换外项)。

③合比定理:在一个比例里,第一个比的两项之和与它后项的比等于第二个比的两项之和与它后项的比,即如果 $\frac{a}{b}=\frac{c}{d}$ (a、b、c、d 都不等于零),那么 $\frac{a+b}{b}=\frac{c+d}{d}$。

我们可以利用等式的性质来证明:在 $\frac{a}{b}=\frac{c}{d}$ 的等号两边都加上 1,即 $\frac{a}{b}+1=\frac{c}{d}+1$,也就是 $\frac{a}{b}+\frac{b}{b}=\frac{c}{d}+\frac{d}{d}$,可以得到 $\frac{a+b}{b}=\frac{c+d}{d}$。

④分比定理:在一个比例里,第一个比的两项之差与它后项的比等于第

二个比的两项之差与它后项的比,即如果 $\frac{a}{b}=\frac{c}{d}$ (a、b、c、d 都不等于零),那么 $\frac{a-b}{b}=\frac{c-d}{d}$。

在教学过程中,学生可以根据合比定理的推导方式,自己尝试着证明。

⑤合分比定理:在一个比例里,第一个比的两项之和与两项之差的比等于第二个比的两项之和与两项之差的比,即如果 $\frac{a}{b}=\frac{c}{d}$ (a、b、c、d 都不等于零),那么 $\frac{a+b}{a-b}=\frac{c+d}{c-d}$。

我们试着证明一下:由于 $\frac{a}{b}=\frac{c}{d}$,可以得到 $\frac{a+b}{b}=\frac{c+d}{d}$(合比定理)或 $\frac{a-b}{b}=\frac{c-d}{d}$(分比定理),将两式相除 $\frac{a+b}{b}\div\frac{a-b}{b}=\frac{c+d}{d}\div\frac{c-d}{d}$,得到 $\frac{a+b}{a-b}=\frac{c+d}{c-d}$,同理还可以得到 $\frac{a-b}{a+b}=\frac{c-d}{c+d}$。

⑥等比定理:几个相等的比,它们的前项之和与后项之和的比等于这些比中任何一个比,即如果 $\frac{a}{b}=\frac{c}{d}=\cdots=\frac{g}{h}$,那么 $\frac{a+c+\cdots+g}{b+d+\cdots+h}=\frac{a}{b}=\frac{c}{d}=\cdots=\frac{g}{h}$。

1.1.3 正比例与反比例

> **思考**
> 有人说,比例可以分为正比例和反比例,你同意这样的观点吗?
> □同意　　　　□不同意

很多人都有疑惑:正比例和反比例分别用"正"和"反"来限定"比例",有部分教材还将正比例、反比例放在《比例》单元中,那么正比例和反比例是不是比例呢?或者说比例是否可以分为正比例和反比例呢?是不是如四边形与平行四边形之间的关系那样,是属种关系呢?

带着这些疑惑,我们首先来看"比例"的含义。《说文解字·人部》对"例"字的解释为:"例,比也。"这说明"比例"这个词实际上是由两个字义相同的字组合而成的,隐喻的数学意义是"两个比相同"。因此,比例表示的是两个比的相等关系。1∶2=3∶6 就是一个比例。

在某一变化过程中保持同一数值的量叫作常量,在某一变化过程中可以取不同数值的量叫作变量。如果在某一变化过程中,有两个变量 x 和 y,对于 x 的每一个确定的值,y 都有唯一确定的值与它对应,则称 x 为自变量,y 为因变量,此时也称 y 是 x 的函数。

形如 $y=kx+b(k,b$ 是常数,$k\neq 0)$的函数叫作一次函数。形如 $y=kx(k$ 是常数,$k\neq 0)$的函数叫作正比例函数。如果 $b=0$,则一次函数 $y=kx+b$ 就变成了 $y=kx$,所以说正比例函数是一次函数的特例。形如 $y=\dfrac{k}{x}(k$ 是常数,$k\neq 0)$的函数叫作反比例函数。

那么,什么是正比例与反比例呢?

两种相关联的量,一种量变化,另一种量也随着变化,如果这两种量中相对应的两个数的比值一定,这两种量就叫作成正比例的量,它们的关系叫作正比例关系。正比例关系可以表示成:$\dfrac{y}{x}=k$(一定)或 $y=kx$。

两种相关联的量,一种量变化,另一种量也随着变化,如果这两种量中相对应的两个数的乘积一定,这两种量就叫作成反比例的量,它们的关系叫作反比例关系。反比例关系可以表示成:$xy=k$(一定)或 $y=\dfrac{k}{x}$。

从定义中我们不难看出,正比例和反比例研究的对象是两个量之间的关系,而不是两个比之间的关系。因此,正比例和反比例都不是比例,它们是重要的数学模型,体现了基本的函数思想。

"正"与"反"对"比例"的限定,使得"比例"这一数学术语的语义发生了变化。尽管如此,正比例、反比例和比例还是有着密切关系的。

1.1.4 比例思维

我们经常在一些杂志中看到"比例思维"一词,那么此"比例"与我们小学数学中的"比例"是同一回事吗?我们来看几个例子:

在装水的杯子中放糖,糖水的甜度与水的容积有关,杯中的水越少,糖水越甜；杯中的水越多,糖水越淡。阳光照射下物体的高度与影子的关系：物体越高,影子越长；物体越矮,影子越短。在一组平行线中,有一组底边都是 4 cm 的平行四边形,高越长,面积越大；高越短,面积越小……

我们发现：只要两个相关联的量成对出现,一个量的变化会引起另一个量的变化。这样的动态思维方式,称为比例思维,其实质是一种关联思维。

而小学数学中的比例,仅仅是表示两个比相等的式子,有明确的定义,这样,就使比例的外延缩小了。

1.1.5 黄金比

黄金比是数学中的一个经典概念。由此产生的黄金分割不仅承载了许多数学的历史与文化,而且本身具有许多神奇的特征；不仅在美学、生产实践中具有广泛的应用,而且在自然界中也有大量的存在。

(1) 黄金比的定义

把一条线段分割为两部分,使其中较长的部分与全长之比等于较短的部分与较长的部分之比,按此比例设计的造型被公认是最美观的。因此,人们把这种分割方式称为黄金分割,把这个比称为黄金比。其比值是 $\frac{\sqrt{5}-1}{2}$,取其小数点后三位,得到的近似值为 0.618。

(2) 黄金比的特点

黄金比的比值为：0.618 033 988 749 894 848 204 586 834 365 63…,是一个无限不循环小数。黄金比比值的近似值 0.618,是一个十分有趣的数。通过简单的计算,我们可以发现：$1÷0.618≈1.618$,$(1-0.618)÷0.618≈0.618$,$1÷(1+0.618)≈0.618$；斐波那契数列(1,1,2,3,5,8,13,21,34,55,89,144,…像这样的数列叫作斐波那契数列)中相邻两个数的比值,从整体上讲是随序号的增加而无限趋近黄金比比值,如 $\frac{2}{3},\frac{3}{5},\frac{5}{8},\frac{13}{21},\frac{21}{34},\frac{34}{55},…$ 即 $\lim_{n\to+\infty}\frac{a_n}{a_{n+1}}=0.618…$。由于斐波那契数列中的数都是正整数,两个正整数相除的商是有理数,所以结果只是无限趋近黄金比比值这个无理数。在自然界或者很多图案中,都可以找到长度关系符合黄金比的例子。

> **小链接**
>
> 女士为什么要穿高跟鞋？穿了高跟鞋，能使女士的腿看起来更修长。如果一个人脚跟到肚脐的距离与上半身的比等于身高与脚跟到肚脐的距离的比，这个比的比值约为 0.618，那么这样的身材就符合黄金比。假设一位女士身高 158 cm，脚跟到肚脐的距离为 90 cm，高跟鞋跟高为 x cm，那么 $(90+x):(158-90)=158:(90+x)$，$x$ 的值算出来大约是 13.6，也就是得穿 13.6 cm 的高跟鞋，其身材比值才符合黄金比。

1.1.6 名家研究探析

关于比例概念的发展，很多名家也做过研究。对此，在接下来的篇幅中，我们为你介绍一二。

(1) 皮亚杰的研究

皮亚杰把比例推理的发展分为三个阶段：早期阶段，根据数字对应和排列顺序的定性关系进行比例思维活动；中期阶段，采用加法补偿原则，或用 2∶1 比式关系解决比例问题；高级阶段，无论数值和比例关系如何，一概采用比例推理进行运算。皮亚杰认为，比例是函数的最初表现形式。皮亚杰的研究主要集中在儿童比例推理能力的获得上，但有很多问题没有回答，尤其是没有回答在不同上下文和数值关系条件下采用比例推理方式会有什么不同这个问题。

(2) Noelting 的研究

Noelting 用一套作业来研究比例推理问题。他运用皮亚杰心理逻辑思想，描述了儿童比例推理内部心理结构的演化过程。他的研究被认为是这一领域中具有重要理论意义的研究。他的作业要求被测试者比较两个比式（用水和橘子汁配制两杯味道相同或不同的橘子饮料）。通过测试研究，他将比例推理能力的发展划分为八个阶段，并指出，比例推理能力在低阶段向高阶段的发展过程中遵循着一定的规律，也就是当某阶段儿童获得新的经验后，将这种经验与原有知识结构整合，便形成新的、高层次的比例推理的内部结构。这种更高层次的内部结构引导儿童采用更高层次的解题策略,解决更高阶段的比例问题,同时标志着比例概念水平达到新的阶段。

(3)伯克利劳伦斯科学院研究小组的研究

伯克利劳伦斯科学院研究小组设计了一些减少对物理原理知识依赖的比例作业,并用被测试者的作业反馈描述了中学生比例推理能力。其中应用最广的是集体剪纸作业,这个测试要求被测试者解释,如何在剪下的纸片上测量高先生(测试题中的人物)的高度。高先生和矮先生(测试题中的人物)的高度是用回形针来测量的。根据测试结果,伯克利劳伦斯科学院研究小组将比例推理的发展分为四个等级:不完全或根本不用已给的数据、把比例中各数值看成相加或恒定差异关系、过渡时期(采用叠加、作图或不完全比例推理的方法)、明确使用比的概念。

(4)苗丹民的研究

苗丹民教授以西安某区 4~14 岁儿童为被测试者,用 27 道难易程度不同的比例作业,通过集体测试、个别访谈等方式,探讨儿童比例推理能力及内部认知结构发展的一般规律。他通过对试题的因子分析与聚类分析,得到了和诺埃尔廷相类似的七个阶段水平划分,并提出了中国儿童比例推理发展的一般规律。

1.2　上位数学知识对教学的启示

1.2.1　比例与比的区别

"比例"和"比"是两个不同的概念,它们之间既有联系又有区别。从比例的意义可以知道,如果没有两种量(或两对数)的比,比例就不存在;如果把比例式中等号右边的一个比看作一个数的话,比例和比又可以统一起来。这是比和比例之间的联系。它们的区别,可以从下面几方面去理解:

首先,从形式上讲:比例研究的是四个数之间的关系,由四个成比例的数组成,有第一、二、三、四比例项,并且又可以分成两个比例的内项和两个比例的外项。比只有前后两个项,表示两个数之间的关系。

其次,从数的角度上讲:任何两个数都可以相比,但任意四个数就不一定可以组成比例。比如 11 和 21 两个数可以相比,但 11、21、1 和 6 这四个数就不能组成比例。

最后,从意义上讲:比表示两个数相除,是一个式子。而比例表示两个比相等,所涉及的是两种相关联的量、四个数值成比例的关系,是一种关系。

让我们用实例来说明比值相等的两个比能否组成比例吧!例如:一辆小轿车 2 小时行驶了 160 千米,3 小时行驶了 240 千米;张明用柠檬汁泡水,他在 5 毫升的柠檬汁中加了 400 毫升水,又在 8 毫升的柠檬汁加了 640 毫升水。现在让我们来写一写两个相关联的量相比的比值:

2 小时行驶了 160 千米,即 2∶160＝$\frac{1}{80}$。

3 小时行驶了 240 千米,即 3∶240＝$\frac{1}{80}$。

5 毫升的柠檬汁中加了 400 毫升水,即 5∶400＝$\frac{1}{80}$。

8 毫升的柠檬汁中加了 640 毫升水,即 8∶640＝$\frac{1}{80}$。

从中不难发现,上面四个比的比值都是 $\frac{1}{80}$,但是"2∶160"与"5∶400"这两个比显然不能组成比例,因为其实际意义不同。只有"2∶160"与"3∶240",或者"5∶400"与"8∶640",才可以组成比例,即"2∶160＝3∶240""5∶400＝8∶640"。因此我们说:不同类量的两个比,不仅比值应该相等,而且实际意义也要相同才可以组成比例。

> **小链接**
>
> 欧多克斯(前408～前355),希腊天文学家及数学家,以同心球理论呈现行星的复杂运动,以穷竭法研究面积与体积,创比例论解决不可共度的问题。在欧多克斯之前的毕达哥拉斯学派认为任何两长度都是可共度的,即两者相比是个有理数。然而 $\sqrt{2}$ 的出现(等腰直角三角形斜边与一边之比),使几何上的比例问题成了难题,成了禁忌,希腊的数学产生了危机。比例论的目的在于探讨两个比例的大小或相等关系。《几何原本》第 V 卷的主要内容取材于欧多克斯的研究。

我们知道,比例的基本性质反映的是比例的两个外项与两个内项(两对数值)之间的关系,而比的基本性质反映的是比的前项、后项、比值三者之间的关系:比的前项和后项都乘或除以相同的数(零除外),比值不变。用字母表示,即

$$\begin{cases} a:b=am:bm \\ a:b=\dfrac{a}{m}:\dfrac{b}{m} \end{cases} (m\neq 0)$$

利用比的性质,可以化简比,也就是把较大数的比或含有分数、小数的比化成简单的整数比;还可以根据需要,把比的前项化成"1"的形式。

1.2.2 合理运用上位数学知识辅助教学

比例的概念是儿童认知发展过程中的一个重要内容,是学习很多上位概念的基础概念。比例的知识与除法、分数、比、方程等密切相关,是这些知识的综合与提升。对比例知识的学习,可以促进学生认知结构的完善,加深和丰富其对以前所学知识的理解,使学生牢固掌握基础知识和基本技能,丰富问题解决策略与方法,提高问题解决能力。同时,对比例知识的学习也有利于学生从关系与结构的角度分析和解决问题,促进其代数思维的发展。

我们了解、弄清比例概念的上位知识,不仅能进一步明确比例的意义和本质属性,以避免在教学中出现概念混淆、表达不准确等错误,同时对于学生在课堂中出现的各种问题,还能进行较好的组织与引导。

小链接

17世纪初,在计算尺发明之前,有两种计算工具流行于欧洲,后来传入中国。其中一种便是大科学家伽利略于1597年发明的比例规,其外形像圆规,两臂上各有刻度,可任意张合,图1-1是合起来的形状。

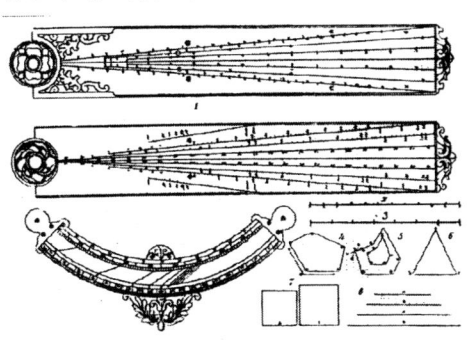

图 1-1 伽利略比例规

比例规是利用相似图形对应边成比例的关系进行乘、除、比例等计算,原理很简单。以相似三角形为例(见图1-2),$OA=OB=l$,$AB=a$,$CD=x$,求a、b两数之积。

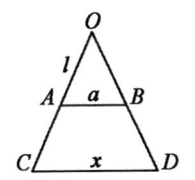

图 1-2 相似三角形

设OC、OD是比例规张开的两臂,其上有相同的刻度。$OA=OB=l$是定长,取$OC=OD=b$,调整两臂张开的角度,使$AB=a$,再量出$CD=x$的长。l一般取10的乘幂10^n,则因$x=\dfrac{ab}{l}$,故x就是$a\times b$的有效数字,最后根据l来定位。

1947年,于振善创造了一种用尺子来计算的方法——于振善尺算法。其理论基础也是相似三角形对应边成比例,和伽利略比例规异曲同工。

2 课程标准(教学大纲)研究

2.1 国内课程标准(教学大纲)的教学要求

同样是中国数学教育的纲领性文件,在不同的历史时期曾交替使用过"教学大纲"与"课程标准"两种名称。如果追溯到新中国成立以前,还曾使用过"学堂章程""课程纲要"等名称。

> **思考**
> 你认为比例是什么时候进入小学教学内容的?

对比例的教学要求,有据可考的可追溯到20世纪初,于1902年颁布的《钦定小学堂章程》,那时对比例的教学表述很简单,仅在高等小学堂课程分年表的第三年学科阶级中呈现了"算学(比例)"。1904年颁布的《奏定高等小学堂章程》中关于高等小学堂科目程度及每星期教授时刻表的相关规定如下:第三年算术,简易之比例,每星期3钟点;第四年算术,比例,每星期3钟点。其虽然提到了每星期教学时间,但对于比例的教学要求也只有非常简略的表述。

2.1.1 20世纪课程标准(教学大纲)的教学要求与变化

> **思考**
> 你觉得自从比例"进入"小学后,就一直是小学的教学内容吗?不同阶段的教学要求分别是什么呢?有什么变化?

2 课程标准(教学大纲)研究

自20世纪以来,在这一百多年中,对于比例这一教学内容,课程标准或教学大纲的教学要求可以分成以下几个历史阶段。

阶段一:1902~1916年期间颁布的相关文件中,都在高等小学堂(校)课程中提到了学习比例的知识,但具体要求不明。

阶段二:1923年颁布的《新学制课程标准纲要·小学算术课程纲要》要求在第六学年学习简比例的知识,并首次在"毕业最低限度的标准"中就高级小学的教学要求做出规定:能解决整数四则二层以下的问题……含比例关系、百分关系等问题,正确而且敏速。

阶段三:1929~1956年期间颁布的《小学课程暂行标准·小学算术》《小学算术课程标准》《小学教学大纲(修订草案)》等相关文件中,小学阶段都没有提出要学习比例的知识。不过,1952年颁布的《小学算术教学大纲(草案)》中,在对"整数四则运算"进行规定时有一段话:"在这里,应特别注意商数的变化,因为商数的特性在以后的算术教学中(例如在中学算术的'分数''比''比例'等章中)将有广泛的应用。"从中我们可以了解到:这些年中,比例已淡出小学教学内容,而成为中学算术教学内容之一。

阶段四:1963年颁布的《全日制小学算术教学大纲(草案)》中又明确了要学习比例的知识,并提出了具体的教学要求,规定了教学时间以及教学的具体内容。该大纲在教学内容中提道:在比例方面,应该着重讲授正比例和反比例,并且适当地讲授复比例和比例分配。比例内容被安排在六年级教学,具体教学要求有:理解比和比例的意义,掌握比例的基本性质,会解比例,并且能够正确地判断成正比例或者成反比例的量;能够比较熟练地解答常遇到的分数、百分数、比例应用题,并且能够综合运用所学的知识解答比较复杂的应用题。该大纲还明确了这一内容的教学安排,即在六年级第二学期第三单元:比和比例(42课时)。具体内容包括:比的意义和性质,比例尺,比例的意义,比例的基本性质,解比例,比例中各项的互换,成正比例的量和成反比例的量,解正比例和反比例的应用题,复比例,解复比例的应用题,解按比例分配的应用题。

阶段五:1978~2000年期间颁布的小学数学教学大纲中,都有关于比例

>> 比例的意义教学研究

的教学要求。虽然这期间教学大纲频繁修订,但这些大纲都要求在五年制的五年级或六年制的六年级学习比例,并在学习内容中删除了复比例。其余部分与1963年教学大纲中关于比例的内容大致相同,具体包括:理解比的意义和性质,会求比值和化简比,理解比例的意义和基本性质,会解比例,理解正、反比例的意义,会判断两个量是否成正比例或反比例,用比例解应用题,等等。

当然,不同时期的教学大纲也有一些小变化。如1986年颁布的《全日制小学数学教学大纲》,第一次在教学内容安排中提道:结合基础知识适当渗透一些数学思想和方法。……通过相关联的式题、常见的数量关系、正反比例等渗透一些函数思想。我国开始进行数学思想方法论的研究是在1983年。同年在哈尔滨召开的第一次全国研讨会上,徐利治教授做了主题报告,全面论述了数学思想方法的含义,以及如何研究的方法。徐教授说:"不懂得数学思想方法的数学教师不是一个称职的教师。"或许是受这次会议的影响,在1986年颁布的教学大纲中就有了关于渗透数学思想方法的要求。

1994年印发的《九年义务教育全日制小学数学教学大纲(试用)》调整意见中提道:五年制的五年级教学内容中的正反比例部分,只保留基本的应用题,删去其他较难的应用题。

小链接

1978年,教育部颁布了《全日制十年制学校小学数学教学大纲(试行草案)》。它是我国小学数学教育发展史上第一个指标"小学数学"的教学大纲。相应地,课程的名称也由"小学算术"改为"小学数学"。该大纲编写的指导思想是:小学数学教学必须为社会主义现代化建设人才打好数学基础。

2.1.2 21世纪课程标准(教学大纲)的教学要求与变化

2001年,教育部正式颁布了《基础教育课程改革纲要(试行)》,大力推进基础教育课程改革,根据此纲要制定的《全日制义务教育数学课程标准(实验稿)》(以下简称实验稿课标)正式施行。课程标准作为国家对义务教育阶段数学课程的基本规范和质量要求的指导性文件,取代了此前的教学大纲。为体现义务教育阶段数学课程的整体性,实验稿课标通盘考虑了九年的课程内容,并根据儿童生理和心理发展的特征,将九年的学习时间具体划分为三个阶段:第一学段(1~3年级)、第二学段(4~6年级)、第三学段(7~9年级)。关于学习内容,实验稿课标在各学段中分别安排了"数与代数""空间与图形""统计与概率"三个固定的学习领域,并分别安排了"实践活动""综合应用"与"课题学习"作为三个学段的第四个学习领域。

2011年,教育部颁布了《义务教育数学课程标准(2011年版)》(以下简称2011年版课标),这是在对十年课程改革进行总结与反思的基础上进行的。2011年版课标对课程的性质与基本理念进行了较大的修订。在设计思路上,2011年版课标把"双基"扩展到"四基",也就是除了基础知识和基本技能外,还增加了基本思想与基本活动经验。在各学段中,2011年版课标安排了"数与代数""图形与几何""统计与概率""综合与实践"四个部分的课程内容。此外,2011年版课标还提出了数学课程的十个核心词:数感、符号意识、空间观念、几何直观、数据分析观念、运算能力、推理能力和模型思想。

思考

21世纪对于比例的教学要求又是什么呢?有什么变化?

关于比例的教学要求,上述提到的两个课标有了较大的调整,没有明确提出将比例的知识作为一个整体呈现,而是将其分别安排在第二和第三两个学段中关于数与代数、空间与图形(图形与几何)的教学内容中。这就为教材编写提供了非常大的空间。

实验稿课标中的第二学段"数与代数"领域没有出现比例的知识,而是以"正比例、反比例"为标题单列一块内容。其提出的具体目标有四点:①在实际情境中理解什么是按比例分配,并能解决简单的问题;②通过具体问题认识成正比例、反比例的量;③能根据给出的有正比例关系的数据在有坐标系的方格纸上画图,并根据其中一个量的值估计另一个量的值;④能找出生活中成正比例和反比例的实例,并进行交流。

实验稿课标中的第二学段"空间与图形"领域,在"图形与变换""图形与

>> 比例的意义教学研究

位置"内容中都涉及了比例的知识。其提出的具体目标包括：①能利用方格纸等形式按一定比例将简单图形放大或缩小，体会图形的相似；②了解比例尺，在具体情境中，会按给定的比例进行图上距离与实际距离的换算。

此外，实验稿课标中的第三学段"空间与图形"领域，在"图形的相似"内容中明确提到了比例的知识。其提出的具体目标有：①了解比例的基本性质，了解线段的比、成比例线段，通过建筑、艺术上的实例了解黄金分割；②通过具体实例认识图形的相似，探索相似图形的性质，知道相似多边形的对应角相等，对应边成比例，面积的比等于对应边比的平方。

> **思考**
>
> 实验稿课标不再像以前的教学大纲那样分年级叙述目标，而是分学段提出教学要求，你认为这样做有何利弊？

2011年版课标对这些内容的目标要求基本保持不变，仅仅修改了个别词句。例如，把"在实际情境中理解什么是按比例分配"改为"在实际情境中理解比及按比例分配的含义"；将部分目标动词"能"改为"会"；将"能根据给出的有正比例关系的数据……"改为"会根据给出的有正比例关系的数据……"。

总体上说，实验稿课标与2011年版课标在内容设计与教学要求上都与之前的教学大纲有很大的变化。这些变化使得"比例"不仅仅是一个教学知识点，而是解决问题以及进一步学习的基础。

> **思考**
>
> 上面的教学要求中，你觉得"了解"与"理解"有什么不同？

1992年的教学大纲将对有关知识的教学要求分为知道、理解、掌握、应用四个层次：

知道：指对所学的知识有感性的、初步的认识，能够说出它指的是什么，并能够识别它。其表达词有"认识"等。

理解：指对所学的知识有一些理性的认识，能够用语言表述它的确切含义，知道它的用途，知道它和其他知识间的联系和区别。

掌握：指在理解的基础上，能够对所学的知识进行分析、判断或计算，能说明一些道理。

应用：指能够用所学的知识解决一些简单的实际问题。其表达词有"运用"。

同时，1992年的教学大纲将有关技能的教学要求分为会、比较熟练、熟练三个层次：

会：指能够按照规定的方式、方法进行测量、画图、制作和正确的计算等数学活动。

比较熟练：指对读数、写数、口算、笔算等，通过训练达到正确、比较迅速的程度。

熟练：指对读数、写数、口算、笔算等，通过训练达到正确、迅速的程度，而且有时还能选择简便的方法合理、灵活地进行计算，从而形成能力。

2001年和2011年的课程标准使用了了解、理解、掌握、运用等术语来表述学习活动结果目标的不同水平。这些词的基本含义如下：

了解（同类词：知道，初步认识）：从具体实例中知道或举例说明对象的有关特征；根据对象的特征，从具体情境中辨认或者举例说明对象。

理解（同类词：认识，会）：描述对象的特征和由来，阐述此对象与相关对象之间的区别和联系。

掌握（同类词：能）：在理解的基础上，把对象用于新的情境。

运用（同类词：证明）：综合使用已掌握的对象，选择或创造适当的方法解决问题。

通过以上表述，我们可以发现：2000年之前的教学大纲提出小学阶段要理解比例的意义和基本性质，而21世纪制定的实验稿课标和2011年版课标要求在第三学段要了解比例的基本性质。从描述结果目标的行为动词中可以看出，21世纪制定的课程标准对学生的教学要求有变化。

2.2 国外课程标准（教学大纲）研究

纵观一百多年来我国小学数学课程标准（教学大纲）变化与发展的历

程、借鉴、改造、融合、创新是不同时期修订的关键词。在当今世界,从国际数学课程改革的最新发展出发,把握世界数学课程发展的趋势,在国际视野下分析、研究我国数学课程改革和发展的积极经验,具有重要的实际意义。因此,研究他国数学的课程设计与目标要求对加深我们对数学教育的理解与拓宽视野都是有益的。那么,其他国家的现行数学课程标准对比例知识的教学要求是什么呢?下面我们选取部分国家的现行课程标准进行介绍。

2.2.1 澳大利亚课程标准的教学要求

《澳大利亚课程——数学》是澳大利亚于 2011 年 3 月 8 日公布的全国统一数学课程标准,是国家级的课程政策文件。这是澳大利亚第一个全国统一的课程标准,由澳大利亚课程设置、考评与报告管理局制定。这份课程标准指出了学前学段到十年级的学习内容和要求,学习内容包括数与代数、测量与几何、统计与概率三部分。涉及比例知识的是八年级与九年级的数与代数、测量与几何领域。

该课程标准在八年级的"数与代数"领域中提道:既能借助于数字技术又能不借助于数字技术,解决一系列的比和比例的问题。其具体要求为:理解比和比例的问题能够通过使用分数或小数来解决,选择最有效的形式解决专门的问题;计算澳大利亚和亚洲的人口增长率,并解释它们的不同。

该课程标准在九年级总体目标中提道,处于这个年级的学生应达到如下水平:在问题解决层次上,对相似图形应用比例,解决直角三角形的相关问题,等等。在该学段的"数与代数"领域中提道:解决有关正比例的问题,探究图像和方程之间的关系以及对应的比例问题。其具体要求为:理解正比例和反比例的不同,辨识真实生活情境中的这两种比例,利用这两种比例的关系解决问题。此外,在该学段"测量与几何"领域中的几何推理部分提道:利用相似的性质、比例的性质以及正确的数学记数法和数学语言,解决放大的物体问题;确立相似图形的面积和对应边的比例之间的关系。

这份课程标准中还有明确的成就标准,指明了学生通过学校的学习应该达到的学习目标。其在八年级的成就标准中提道:在八年级结束的时候,学生能解决日常生活中涉及的比和比率的问题。其在九年级的成就标准中提道:在九年级结束的时候,学生认识到相似性和三角学比例之间的联系,能利用三角学知识解决直角三角形的有关问题。

2.2.2 加拿大课程标准的教学要求

在加拿大,教育是由联邦、省和地方政府共同监督的。因为没有国家教育部,每个省的教育部可制定各自的课程及评价标准。但并非各省各地区都有课程标准,而是许多省或地区建立了共同的课程标准。

加拿大现有四种数学课程标准,其中有三种课程标准提到了比例的知识。

2006年5月确立的《加拿大西北部教育协定组织课程标准(WNCP)》在八、九年级中对比例知识明确提出了相应的要求。具体地说,其在八年级的"数"领域中要求学生理解比率和比例,能解决比率、比例和比例式推理运算问题。其在九年级的"图形与空间"领域中要求学生理解多边形相似的概念,能绘制并解释平面图形的放大和缩小。

加拿大《安大略省课程标准》在"数感和计算能力"领域中要求:七年级学生能解决涉及整数百分比和比率的问题;八年级学生能解决涉及比率和比例的问题。其在"几何与空间感"领域中要求:七年级学生能够放大、缩小相似图形,还能够将图形放大(形状不变),并予以描述;八年级学生会探究相似形状之间的关系。

加拿大《大西洋地区数学课程(方案)》在"数字概念"分支中要求七至九年级学生能用多种方法来表示数字(包括应用指数形式、比率、百分数和比例),并能应用适当的方法解决问题。其在"形状和空间"分支的总目标中提道,学生要掌握关于测量的概念和技能,包括直接测量和间接测量,间接测量是使用适当的计量单位、公式等(例如:面积、勾股定理、比例)来确定测量结果。该分支的具体要求包括七至九年级学生要能理解比率的意义。该课程方案还在"数据管理和概率"分支中要求,七至九年级学生要能用各种数值表达式(比例、分数、小数、百分数)表达相应的实验或模拟实验中事件发生的情况。

> **思考**
> 上面提到的"比率"是什么意思？它与比例有什么区别与联系？

从上文我们可以发现，加拿大的数学课程标准具有多样特点。一个国家不同地区设计的课程标准对比例知识教学要求的描述各不相同，这是人们对教育内容及其价值认识多样化的生动体现，也是国家多元文化的一个缩影。

2.2.3 芬兰课程标准的教学要求

芬兰教育因其学生连续几次在经济合作与发展组织（OECD）组织的"国际学生评价项目（PISA）"测试中表现优异，引起全世界的普遍关注。根据PISA的测试结果，芬兰的基础教育被誉为全球最优质、公平、高效的教育。探寻原因，与芬兰教育部开展的课程改革有很大的关系。自1999年起，《基础教育法案》成为芬兰教育基础课程标准制定的法律依据。2004年1月16日生效的《基础教育国家核心课程2004》，这份文件规定了第一学段（1～2年级）、第二学段（3～5年级）、第三学段（6～9年级）教学课程的教学内容与要求。自2014年发布新一轮基础教育核心课程改革，并于2016年8月开始实施新的《国家核心课程大纲》。

根据对扬州大学赵春红老师2014年的硕士学位论文《中芬小学数学课程标准比较研究》相关内容的学习与梳理，我们了解到：关于比例的学习，芬兰在第一学段就提到了。

第三学段教学课程的核心内容是学习比和比例。8年级最终评估标准中数与计算部分要求应用比例计算、百分比计算，或者其他计算解决日常生活中的实际问题。

相比较其他几个国家的课程标准（教学大纲）而言，芬兰的《基础教育国家核心课程2004》中有关数学课程标准的部分不是十分详细，仅仅起到提纲挈领的作用。芬兰的课程标准更为强调学生的个性。

2.2.4 法国课程标准的教学要求

法国中小学数学课程标准由法国教育部统一制定。2008年5月法国教

2 课程标准(教学大纲)研究

育部对小学数学课程标准进行修订,2013年7月法国政府颁布《重塑共和国教育法案》并对小学教育实施改革措施,从2016年2月开始,法国教育部下发了一系列指导性文件,进一步完善了数学课程标准。

法国的小学教育共五年:第一年是预备课程的学习,第二、第三年是基础课程的学习,第四、第五年是中等课程的学习。初中教育通常需要四年完成。按阶段分,小学处于第二、三阶段(幼儿园为第一阶段),学习年限分别是两年和三年。法国义务阶段包括小学和初中,对应的课程标准为《2、3、4学段课程大纲》(以下简称《法国义务数学课标》)。

《法国义务数学课标》在"数学综述"部分明确提出了六个能力目标,即信息的收集整理与探究、建模、表征、推理、计算和交流。关于比例的内容,在信息的"建模"能力上,明确提出要达到的目标是:能判断出成比例的问题情境,并能解决相应问题。

在第三阶段的课程标准内容要求中提道:数据的收集与整理能力可通过解决日常生活或从其他学科提出的问题来提高,它包括逐步对数据进行提取、分类、阅读或者根据数据制作表格、图形来对数据进行分析。比例在涉及百分比、比例、转换、放大或缩小的情况下开始接触。对于这一点,可使用多个方法。具体地说:关于数据的收集与整理方面,中等课程第一年要求使用表格或三项法则来处理非常简单的关于比例的问题,第二年要求解决与比例有关的问题,使用各种方法(包括三项法则)来解决与百分比、比例尺、平均速度或单位变换相关的问题。

在法国中学课程标准中,比例占有非常大的比重。法国中学课程方案是将数学知识分为数据的收集与整理、函数,数和计算,几何,数量和度量四大部分内容组织教学。在第6级课程内容标准数据的收集与整理.函数这部分内容总体要求中提道:掌握关于比例的不同处理方法。具体标准描述中写道:小学阶段,学生已经初步理解比例问题,在第6级课程中,将引入新的工具来解决这类问题。在中学四年课程中,比例是一个重要的、需要不断学习的部分,且数学课程中的很多符号的理解和处理都需要用到它。在第5级课程内容标准中提道:在第5级课程中,比例占了中心地位。比例问题的解决方法随着学生认识的发展而发展,特别是学生对商概念的掌握。在第3级课程内容标准中提道:在中学最后一年结束时,要以精通以下几种能力为目标:数字和计算方面的数值计算能力和基础的代数式运算能力。在第3、4级的几何部分也有与比例相关的内容。

2.2.5 日本课程标准的教学要求

《学习指导要领》是日本指导中小学课程及教学的纲领性文件,大约每十年修订一次。2017年3月,日本文部科学省颁布了最新的《小学校学习指导要领》(以下简称《新要领》)。《新要领》指出:小学数学学习的总目标是通过数学教学,培养学生运用数学思维进行思考的能力。《新要领》将小学1~3每个年级教学内容分为"数与计算""图形""测量""数据的活用"四个领域,将小学4~6每个年级教学内容分为"数与计算""图形""变化与关系""数据的活用"四个领域。关于比例的知识,是在4~6年级中的"变化与关系"领域呈现,并分年级具体描述了相关内容要求。

《新要领》在4~6年级总目标中提道:关注相伴变化的两个数量及其关系,发现变化及对应特征,用表、算式考察两个数量间的关系。从5年级开始正式提出"理解比例"的目标要求。各年级具体内容如下。

4年级:了解简单情况下两个数量的关系与其他两个数量关系比较时的比例运用。

5年级:了解简单的比例关系;理解两个数量关系与其他数量间关系比较时可使用比例;理解百分率的表达方式、计算比例等。

6年级:理解比例关系的含义和性质;了解用比例关系解决问题的方法;了解反比例的关系。

2.2.6 新加坡教学大纲的教学要求

新加坡教育体系被公认为能培养能力水平较高的学生,优异的教育质量享誉世界。新加坡与中国有着相似的东方传统教育思想,除引进西方的教学理论之外,也力求改善和更新其数学课程、教材和教学法。于是,定期对数学教学大纲进行修订就成为常态,从以前约每10年一次,缩短到21世纪的每6年一次，着眼于培养独立自主的终身学习者。2012年4月，新加坡教育部颁布最新的中小学数学教学大纲，从2013年起，小学1年级、中学1年级、中学3年级开始逐年实施。在小学数学教学大纲中，比例的知识出现在5年级，内容包括：解释$a:b$和$a:b:c$，其中a、b、c为整数；写出等值比例；将比例化成最简形式；求已知的两个或三个量的比例；求一组等值比例中的未知项；已知两个量的比例和其中的一个量，求另一个量；解决含比例的两步计算以内的文字应用题。它还注明了不包括涉及小数和分数的比例。该教学大纲在小学阶段6年级中要求学习比率的知识。不过，该教学大纲在小学阶段5、6年级基础数学教学内容标准的具体描述中没有提到比例的知识。（新加坡在小学5年级、6年级出现基于学科定向的新系统，学生可以根据各自在不同科目上的学习情况选择标准水平或基础水平的课程，由家长做最终的决定。这体现了新加坡教育体制对教学内容的灵活性和学生多元化发展的重视。）

新加坡中学阶段课程分为专业类、标准学术类和标准技术类。学习专业类课程的学生，在中学4年级结束后参加普通水平测试（O-水平考试）；学习标准学术类课程的学生，在中学4年级结束后参加标准学术水平测试（N(A)-水平测试），通过后继续学习标准学术类课程，在中学5年级结束后可参加O-水平考试；学习标准技术类课程的学生，在中学4年级结束后参加标准技术水平考试（N(T)-水平测试）。

O-水平数学课程的教学内容提道，在数和代数部分，中学1年级的学生须学习比例、比率和比值，其具体内容包括：含有理数的比例，将比例化为最简形式，平均率，含比例和比率的问题；中学2年级的学生也必须学习比例、比率和比值，其具体内容包括：地图比例尺（距离和面积），正比例和反比例。此外，中学1年级、2年级的几何和测量部分也涉及了比例的内容，其具体内容包括：相似多边形的性质之对应边成比例，利用比例因子放大或缩小图形，画比例图。

N(A)-水平数学课程的教学内容提道，在数和代数部分，中学1年级学生须学习比例、比率和比值，其具体内容包括：通过比率比较两个或多个量，

>> 比例的意义教学研究

比例和分数之间的关系,将一个量按照给定比例划分,含有理数的比例,等值比例,将比例化为最简形式,平均率,含比例和比率的问题;中学 2 年级的学生也须学习比例、比率和比值,其具体内容包括:地图比例尺(距离和面积),正比例和反比例。此外,中学 3 年级、4 年级的几何和测量部分也提到了比例的内容,其要求与 O-水平数学课程中提到的中学 1 年级、2 年级要求类似。

N(T)-水平数学课程的教学内容提道,在数和代数部分,中学 1 年级的学生须学习比例,其具体内容包括:通过比例比较两个或多个量,按照给定的比例划分一个量,含小数和分数的比例,等值比例,将比率化成最简形式,含比率的问题,中学 2 年级的学生也须学习比率的知识,在这一学段的几何和测量部分提到了关于比例的内容,包括相似多边形的性质之对应边成比例。此外中学 3 年级、4 年级的数和代数部分亦要求学习比例和比值,具体内容包括:制图比例尺(距离和面积),正比例和反比例;其几何和测量部分还要求:学习在网格纸上画出一些简单图形的变形(包括:以给定中心为放缩中心,以 $\frac{1}{2}$、2 和 3 为比例因子进行放缩)和画比例图。

从上述描述中,我们可以发现,在新加坡根据不同水平层次制定的不同的数学课程内容中关于比例的知识要求,除了年级不同,其具体内容大致相同。

2.2.7 美国课程标准的教学要求

在美国,学校教育历来有地区控制的传统,因此它不像其他一些国家那样有全国统一的课程标准。自 20 世纪 80 年代以来,美国政界、教育界开展了一系列有关课程标准的研制与推广工作,在各州范围内逐渐建立起完善的课程标准体系。全美数学教师理事会于 2000 年 4 月颁布了《美国学校数学教育的原则与标准》,这个文件对每个学段所设计的标准是一致的。2010 年颁布的《统一州核心课程标准》是建立国家课程标准的又一次重要尝试。该标准提到的关于比例的知识分别在 6、7、8 年级的教学内容中,其教学要求如下:

6年级:建立比、比率与整数乘除法的联系,用比和比率的概念解决问题。其具体内容包括:理解比的概念,并运用比的语言来描述两个量之间的关系;理解单位比率$\frac{a}{b}$的概念(与比$a:b,b\neq0$相联系),并在描述比的关系时使用比率语言;使用比和比率推理来解决实际问题和数学问题。

7年级:发展对于比例关系的理解与应用。其具体内容包括:将分数比改写为单位比率,包括长度、面积和其他度量量(同单位或异单位)的比例;认识并表示两个量之间的比例关系;利用比例关系来解决多步的比和百分比的问题;解决与几何图形的比例图有关的问题,包括基于比例图来计算实际的长度和面积,按照不等式尺度重新画比例图。

8年级:理解比例关系、直线、线性方程三才之间的联系。其具体要求是:画比例关系的图像,将图像的斜率理解为单位比率;比较两个用不同的方式表示的比例关系。

2.3 课程标准(教学大纲)研究对教学的启示

2.3.1 国内课程标准(教学大纲)研究对教学的启示

在学习了我国一百多年来的20余个课程标准(教学大纲)对比例的教学要求后,我们可以得到如下启示。

(1)教学内容随着时代发展而变化

从前面的阐述中我们可以看到,在1902年颁布的《钦定小学堂章程》中提到了比例的知识后,比例的知识并不是一直被保留为小学教学内容的,而是几经反复、几经变迁。1929~1956年间颁布的课程标准(教学大纲),将比例的内容从小学教学内容中去掉,将其放在中学教学内容中。1963年起,比例的知识又被重新纳入小学教学内容。这说明小学数学的教学内容并不是一成不变的,而是随着时代的发展而不断变化的。随着代数知识被引进小学数学教学内容,很多过去用比例解决的问题都可以改用方程解,并且用方程解显得更加简便,因此小学数学教学内容中的比例知识趋于简化。21世纪以来,随着教学培养目标的多元化,小学数学的教学内容也有着相应的变化。

(2)知识本身的难度影响人们的认识

对于比例的知识是否在小学进行教学这个问题,人们的认识是反复的,这可能与比例的学习难度有关。比例的知识是除法、分数、比、方程等知识的综合与提升,其内容的特点是应用性强、综合性强,以及内容情境不新但采用新的思维方式和数学模型。它需要学生在较高水平层面上进行学习。而且比例的知识对学生的发展具有多方面的作用,它有利于学生从关系与结构的角度去分析和解决问题,促进学生代数思维的发展;同时,它与生活有着密切的联系,反映了生活和数学中最基本、最常见的数量关系和变化规律,是重要的数学模型,蕴含了基本的函数思想,即它既是现实问题的抽象,又是解决问题的工具。基于此,人们对比例的知识是否在小学进行教学这一问题一直在不断地探索与实验。

(3)教学要求在下降,但教材与教学中并没有体现

从上文可知,20世纪的课程标准(教学大纲)基本都对比例的知识有明确的教学要求:使学生获得比例的基础知识,理解比例的意义和基本性质,会解比例,会用比例的知识解答比较容易的应用题。其对比例的知识的具体教学时间也有比较明确的安排,即一般都安排在小学阶段最后一学年的第二学期。然而,21世纪颁布的实验稿课标和2011年版课标在第一学段都没有明确的关于比例的意义和基本性质的知识目标,在第二学段"空间与图形(图形与几何)"领域中提到能利用方格纸等形式按一定比例将简单图形放大或缩小,在第三学段中则明确指出了解比例的基本性质,但也仅仅是了解而已。从理论上说,课程标准(教学大纲)中教学要求的这种变化理应反映在教材的编写与教学的实施过程中,但我们从现行教材、教学设计中可以看到,无论是教材的编写者,还是一线教师,都并没有因为课标要求的变化而降低学生对比例知识的教学要求。

2.3.2 国外课程标准(教学大纲)研究对教学的启示

> **思考**
> 通过以上国外课程标准(教学大纲)的比较,在它们关于比例知识的教学要求中,值得我们借鉴的是什么?

从以上七个国家课程标准(教学大纲)关于比例知识的教学要求中,我们可以看出如下特点。

(1)分阶段呈现教学内容

一方面,上面提到的这几个国家的课程标准(教学大纲)都将比例的知识分年级、分阶段呈现,且基本都把该内容放在中学进行重点学习。这一点与我国课程标准(教学大纲)中对比例知识的教学编排是一致的,这有可能是基于比例知识综合性强、难度大的特点。

另一方面,这几个国家的课程标准(教学大纲)在呈现比例知识时,都是通过数量关系来呈现的,即在数概念领域中引出比例关系。而关于比例的本质、内涵,它们则重点在图形与几何领域中呈现,如图形的放大与缩小等。

(2)关注解决问题的能力

尽管各国文化不同,教学理念不同,数学课程标准(教学大纲)中的表述不同,但对于比例的知识,各国都关注对学生解决问题能力的培养,都要求学生使用比例的知识来解决数与代数、图形等领域中的数学问题以及实际问题。

3 教材研究

数学教材为学生的数学学习活动提供了学习主题、基本线索和知识结构，是联结数学课程标准与课堂教学之间的纽带。对不同教材的特点进行分析与比较，是全面理解教学内容、开展有效教学的重要途径。因此，我们将从多角度、多维度对教材进行研究。

比较研究法是一种按照一定的标准，对两个或两个以上有联系的事物进行考察，寻找其异同，探求普遍规律与特殊规律的研究方法。对比例的意义和基本性质进行的教材研究，主要是对教材进行纵向和横向的比较研究。所谓纵向的比较研究，主要从历史的角度，对不同时期的教材做比较研究，而横向的比较研究则是对同一时期不同版本的教材进行比较研究。为此，我们收集整理了多套境内外教材（见表3-1），试图通过对这些教材中"比例的意义和基本性质"一课的编写结构、教学目标、素材选择、呈现方式、练习设计等进行比较研究，寻找不同教材的共性与个性，为进一步理解教材、开展有效教学提供参考。

表3-1 收集到的境内外教材

序号	教材名称	出版社	主编	时间（年）
1	十年制学校小学课本（试用本）《算术》第十册	人民教育出版社	人民教育出版社	1962
2	全日制六年制小学课本《数学》第十二册（试用本）	北京出版社	北京、天津、上海、浙江小学数学教材联合编写组	1983

表 3-1 收集到的国内外教材 （续表）

序号	教材名称	出版社	主编	时间(年)
3	义务教育六年制小学课本（试用）《数学》第十二册	浙江教育出版社	浙江省教育委员会义务教育教材编委会	1999
4	九年义务教育六年制小学教科书《实验数学》第十二册	湖北科学技术出版社	姜乐仁	1999
5	义务教育课程标准实验教科书《数学》六年级(下册)	江苏教育出版社	孙丽谷、王林	2006
6	义务教育课程标准实验教科书《数学》六年级下册	人民教育出版社	卢江、杨刚	2006
7	义务教育课程标准实验教科书《数学》六年级（下）	西南师范大学出版社	宋乃庆	2006
8	义务教育课程标准《新数学读本》六年级下	浙江教育出版社	张天孝	2012
9	义务教育教科书《数学》六年级下册	人民教育出版社	卢江、杨刚	2013
10	义务教育教科书《数学》六年级下册	江苏凤凰教育出版社	孙丽谷、王林	2013
11	义务教育教科书《数学》六年级下册	青岛出版社	展涛	2014
12	义务教育教科书《数学》六年级下册	北京师范大学出版社	朱德江、朱育红	2013
13	义务教育教科书《数学》六年级下册	西南师范大学出版社	宋乃庆	2013
14	小学《数学》课本第十二册（六下）	台湾南一书局企业股份有限公司	李芬樱、陈振兴	2004
15	小学《数学》课本六年级上学期	台湾翰林出版事业股份有限公司	黄经良	2006
16	小学《数学》六年级	［韩国］	—	—
17	小学《数学》六年级	［日本］东京书籍出版社	—	—
18	小学《数学》六年级	［美国］	—	—

3.1 教材纵向比较

从理论上说,不同时期的小学教材中"比例的意义和基本性质"一课的编写有各自不同的特点,也存在着一些共性。循着教材编写的轨迹,寻求不同时代背景下教材的特点,是一件很有意思的事。我们在研究近三十年来不同时期的教材后发现,这句话确有道理:很多教材有着时代的烙印,彰显着浓重的时代特色。本着传承性与典型性的标准,我们将以人民教育出版社出版的教材(以下简称"人教版")为例开展教材的纵向研究。

3.1.1 不同时期人教版小学数学教材比较

我们收集了人民教育出版社分别于1962年、1983年、2006年、2013年出版的四种小学数学教材,对这四种教材进行纵向研究。其中,1962年出版的教材是十年制学校小学教材,其余三种教材都是六年制小学教材。在此小节内,我们将选取教材中"比例的意义和基本性质"一节内容进行教材比较分析。

> **思考**
> 如果要纵向比较这四个不同时期的教材,你会选择哪些角度呢?

◎ **教材结构分析**

(1)教学年级的异同

有意思的是,这四个不同时期的教材都无一例外地将比例的知识放在小学高年级进行学习,这或许就是教材内容编排传承性的体现。其实从表3-1中发现,我们所收集到的所有的教材都将这部分内容放在十年制学校的五年级或六年制小学的六年级进行学习,且大多数都是将其放在小学阶段的最后一个学期进行学习。

比例的知识与学生已经学习过的比、除法、分数等知识都密切相关,有着内在的联系。一方面,对比例知识的学习可以加深和丰富学生对所学知识的理解,促进学生认知结构的完善,丰富学生解决问题的策略和方法,提高学生解决问题的能力。另一方面,我们知道,正比例和反比例关系实际上是两种基本的函数关系。函数是表示、处理、交流和传递信息的强有力工具,是探讨事物发展规律、预测事物发展方向的重要工具。在比例的教学中渗透函数思想,可以让学生进一步体会客观事物的多样性和复杂性,体会到数学的广泛应用价值。因此,比例是小学高年级的重点教学内容之一,一般都被编排在小学最后一学年的教材中。

(2)呈现方式的异同

2006年、2013年版教材明显不同于1962年、1983年版教材。1962年、1983年版教材是单色印刷的,而2006年、2013年版教材采用了彩色印刷技术,色彩丰富。仔细观察这四种教材可以发现,2006年、2013年版教材与1962年、1983年版教材的不同,不仅仅是印刷技术、装帧质量、资金投入的不同,更是编写理念的不同。这些不同深刻反映了教材编写与社会需要、时代发展及由此带来的思想观念变化、技术进步之间的联系。

1962年、1983年版教材主要是立足于编者的身份去"陈述",起到了呈现知识点、提示教学路径的作用,侧重于教师的传授。2006年、2013年版教材有了主题图,出现了"小精灵"与学生的角色,在"小精灵"与学生的对话中,以问题引领的方式呈现知识点。这样的呈现方式可读性强,能引发教材文本与学生的对话,容易吸引学生的注意力。从这一变化中我们可以看到教学理念的转变——从以"教师的教"为中心向以"学生的学"为中心转移。教材编写者精心设置的对话框,在更好地提示了教学路径与策略的同时,也对教师解读教材的能力提出了更高的要求。

(3)编排顺序的异同

1962年版教材中比例的知识部分内容(选取比例的意义和基本性质一节,下文同)编写顺序:①例题。已知两个幼儿园买水壶的数量与钱数,要求分别求出其所买水壶的数量比与钱数比的比值。②观察比较。给出两个比值相等的比,并将其写成比例式,以此揭示比例的意义。③介绍比例的各部分名称。④分别计算比例两个外项的积与两个内项的积。⑤再出示一个比例,分别计算其两个外项的积与两个内项的积。⑥揭示比例的基本性质。⑦解比例的概念。⑧解比例(两个例题)。⑨小结解比例的方法。⑩练习。

>> 比例的意义教学研究

1983年版教材编写顺序：①例题。已知一辆汽车两次行驶的时间和路程，要求分别计算该汽车每次所行驶的路程与时间的比。②观察比较。给出两个比值相等的比，并将其写成比例式（一般形式和分数形式两种），以此揭示比例的意义。③介绍比例的各部分名称。④分别计算比例两个外项的积与两个内项的积。⑤介绍分数形式的比例式，将等号两端的分子和分母分别交叉相乘。⑥揭示比例的基本性质。⑦解比例的概念。⑧解比例（两个例题）。⑨练习。

2006年版教材编写顺序：①主题图。标注了四个场景（广场升旗仪式、学校操场升旗仪式、教室、两国会谈现场）中四面国旗的长宽尺寸，要求找出操场上和教室里的两面国旗的长和宽的比值的关系。②观察比较。给出两个比值相等的比，并将其写成比例式（一般形式和分数形式两种），以此揭示比例的意义。③延伸性思考。让学生思考，主题图的四面国旗的尺寸中还有哪些比可以组成比例。④介绍比例的各部分名称。⑤分别计算比例两个外项的积与两个内项的积。⑥介绍分数形式的比例式，将等号两端的分子和分母分别交叉相乘，让学生观察所得的积的关系。⑦揭示比例的基本性质。⑧解比例的概念。⑨解比例（两个例题）。⑩练习。

2013年版教材编写顺序：①主题图。标注了三个场景（广场升旗仪式、学校操场升旗仪式、教室）中三面国旗的长宽尺寸，要求找出操场上和教室里的两面国旗的长和宽的比值的关系。②观察比较。给出两个比值相等的比，并将其写成比例式（一般形式和分数形式两种），以此揭示比例的意义。③延伸性思考。让学生思考，主题图的三面国旗的尺寸中还有哪些比可以组成比例。④介绍比例的各部分名称（一般比例式、分数形式）。⑤分别计算比例两个外项的积与两个内项的积，并将它们进行比较，让学生说说有什么发现。⑥揭示比例的基本性质。⑦用字母表示比例的基本性质。⑧解比例的概念。⑨解比例（两个例题）。⑩练习。

从宏观方面看，四种教材在内容编排结构上，知识呈现的前后顺序基本是一致的，即在大的结构上没有实质性的不同。这反映了数学知识本身严密的逻辑性，也体现了编者普遍认为的合适的学习顺序。

如果进一步分析这四种教材的内容编排结构,我们可以发现以下共同点与不同点。

其共同点是:揭示了比例知识的研究过程和研究方法。具体为:首先,通过一组情境,引出两组相关联量的比,在比较两组比并发现它们的比值相等的前提下,揭示比例的意义;其次,介绍比例各部分的名称;最后,通过观察、分析和演算归纳出比例的基本性质和解比例的方法。这样的顺序既是知识发生发展的逻辑顺序,也有助于学生从具体到抽象逐步地感悟比例的内涵,是一个好的教材编排结构。

其不同点是:①1962年、1983年版教材是以文字或表格的形式呈现一组情境,而2006年、2013年版教材是以主题图的方式呈现情境。相比较而言,后者的素材更加丰富。②1962年版教材没有出现分数形式的比例式,而其他年份出版的教材都出现了,即1983年、2006年版和2013年版教材丰富了比例式的表现形式。③1962年、1983年版教材在介绍解比例的知识时,直接通过例举的方式呈现,而2006年、2013年版教材则是以解决问题的方式呈现,体现了算用结合。④1962年、1983年版教材在编排这部分内容时是一气呵成的,用两个页面将比例的意义与性质教学内容呈现出来,而2006年、2013年版教材则将其分成几个环节,用了三四个页面编写。

> **思考**
> 四种教材在宏观上结构基本一致,那么在微观上有哪些不同呢?

◎**概念引入方式分析**

教材中引入概念的例题很重要。采用什么素材、以怎样的方式呈现概念、教学内容如何展开等,都是教材比较的内容。

(1)例题素材选用的异同

1962年版教材选用两个幼儿园买水壶的数量与钱数为素材,要求分别求出所买水壶的数量比与钱数比的比值。具体例题如下:

有一种水壶,第一幼儿园买了3把,付出15元;第二幼儿园买了5把,付出25元。分别求出水壶数量的比和钱数的比。

1983年版教材选用一辆汽车两次行驶的时间和路程为素材,要求计算

» 比例的意义教学研究

每次所行驶的路程与时间的比的比值。具体例题如下：

一辆汽车第一次 2 小时行驶 80 千米，第二次 6 小时行驶 240 千米。列表如下：

时间（时）	2	6
路程（千米）	80	240

计算这辆汽车每次行驶的路程和时间的比。

2006 年与 2013 年版教材都选用国旗为素材，要求计算长和宽的比值的关系。其主题图见图 3-1、图 3-2。

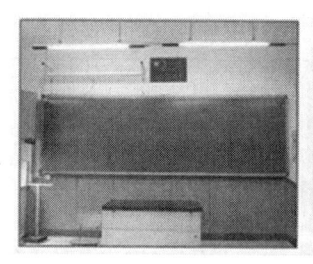

你知道下面这些国旗的长和宽是多少吗？

长 5 m，宽 $\frac{10}{3}$ m。　　长 2.4 m，宽 1.6 m。

长 60 cm，宽 40 cm。　　长 15 cm，宽 10 cm。

图 3-1　人教版(2006)六年级下册第 32 页主题图

036

国旗长 5 m,宽 $\frac{10}{3}$ m。　　国旗长 2.4 m,宽 1.6 m。　　国旗长 60 cm,宽 40 cm。

图 3-2　人教版(2013)六年级下册第 40 页主题图

从上面列举的内容中,我们可以发现:四种教材都选用了学生熟悉的素材,使学生在学习的过程中体会比例知识的应用价值以及学习比例知识的必要性;四种教材都关注了两个量的比,要求在写出比的基础上求比值。

除了选用学生熟悉的素材这个共性外,四种教材在素材选择上各有特色:

①1962 年版教材选择数量与总价为素材,但不借助数量总价之间的数量关系;1983 年版教材选择时间与路程为素材,并借助路程与时间的数量关系求比值;2006 年和 2013 年版教材都选择国旗的长与宽的尺寸为素材,要求求长和宽的比值。

②1962 年和 1983 年版教材选用的是一维的数量比,而 2006 年和 2013 年版教材选用的则是二维的形状比。

③1983 年版教材是借助路程与时间之间的数量关系,通过两个异类量之比求比值;其余三种教材都是基于两个量的倍数关系,通过两个同类量之比求比值。这一点非常有意思。两个相关联的异类量之比,它们的比值可以衍生出新的量,如路程与时间之比的比值所产生的新的量就是速度,总价与数量之比的比值所产生的新的量就是单价。1962 年版教材虽然以总价与数量的相关信息为素材,但没有借助它们之间的数量关系,仅仅要求写出两次所买水壶的数量比以及总价比,即要求得出同类量之间的倍数关系。这或许与学生在之前学习的"比的认识"有直接联系。1962 年版教材规定了两个同类量才能相比,这实际上缩小了比概念的内涵。1983 年版教材用"路程与时间"的关系引入比例概念,通过两个异类量之比求比值。2006 年版教材

>> 比例的意义教学研究

又回归到两个同类量之比。这或许是考虑了学生的认知特点:比例概念的研究是建立在比值相等的基础上。相比较而言,同类量之比求比值,学生更容易理解与接受。这并不是教材的简单回归,而是实践基础上的一种理性选择,同时也给教材使用者的使用创造更大的空间。教师需要在尝试或练习环节,选择更丰富、多元的素材,不仅要让学生通过同类量之比得到比值相等,而且要让学生了解到"异类量之比,比值相等的话,也能写成比例式",帮助学生更好地建构比例概念。

④1962年和1983年版教材素材比较单一,数据类型只涉及整数范围,从例题的引入到概念的得出,只出现一个比例;而2006年和2013年版教材素材比较丰富,使用者可以根据不同大小的国旗的尺寸找到不同的比例,且数据类型丰富,涉及整数、小数、分数,能较好地揭示比例概念的本质。

⑤2006年和2013年版教材在素材的选择、内容的编制、内容的前后顺序、知识结构等方面基本一致,即2013年版教材较2006年版教材在整体上几乎没有变化。这反映了数学知识本身严密的逻辑性,以及课标教材对内容选择的统一性与传承性。其实,如果仔细地进行比较与分析,这两版教材在素材选择上还是有细微的变化。2006年版教材主题图编排了四个场景,而2013年版教材编排的是三个场景,删去了两国会谈现场这个场景,剩下的几个场景(广场升旗仪式、学校操场升旗仪式和教室)学生更熟悉,更贴近学生的生活。

> **思考**
>
> 你在教学中会选择怎样的素材呢?为什么?

(2)比例概念引入的异同

1962年版教材采用陈述的方式,介绍了比例概念的研究的过程:

分别求出水壶数量的比和钱数的比。

水壶数量的比:　　　$3:5=\dfrac{3}{5}$

钱数的比： $15:25=\dfrac{3}{5}$

答：水壶数量的比和钱数的比的比值都是$\dfrac{3}{5}$。

从上面可以看到，水壶数量的比和钱数的比的比值是相等的，所以这两个比相等，可以写成下面的式子：

$$3:5=15:25$$

表示两个比相等的式子叫作比例。

1983年版教材也采用陈述的方式，介绍了比例概念的研究的过程：

从上面可以看到，这辆汽车

第一次所行驶的路程和时间的比是：80：2

第二次所行驶的路程和时间的比是：240：6

这两个比的比值都是40，所以这两个比相等。可以写成下面的式子：

$$80:2=240:6 \text{ 或 } \dfrac{80}{2}=\dfrac{240}{6}$$

表示两个比相等的式子叫做比例。

对上面两个引入方式进行比较分析，我们可以发现，1962年和1983年版教材在对比例概念的引入过程的内容编排方面几乎没有什么不同。它们都是以编者陈述的方式，将比例概念的研究过程一一呈现：首先，写出两个比；其次，比较两个比的比值是否相等；再次，写出比例式；最后，揭示比例的意义。这样的编写方式，清晰地展现了知识发生发展的过程，也为教师教学、学生学习提供了线索与路径。此外，该编写方式还凸显了当时的教学观念：以教师的教为主，以讲授法为主要的教学方式。

2006年和2013年版教材则采用问题引领的方式引入比例概念：

>> 比例的意义教学研究

操场上的国旗：2.4∶1.6 = $\frac{3}{2}$

教室里的国旗：60∶40 = $\frac{3}{2}$

所以，2.4∶1.6 = 60∶40 也可以写成 $\frac{2.4}{1.6} = \frac{60}{40}$

像这样表示两个比相等的式子叫做**比例**。

在这四面国旗的尺寸中，你还能找出哪些比可以组成比例？

图 3-3　人教版(2006)六年级下册第 32 页定义

上图中操场上和教室里的两面国旗长和宽的比值有什么关系？

操场上的国旗：2.4∶1.6 = $\frac{3}{2}$

教室里的国旗：60∶40 = $\frac{3}{2}$

你能发现什么？

所以，2.4∶1.6 = 60∶40。也可以写成 $\frac{2.4}{1.6} = \frac{60}{40}$。

像这样表示两个比相等的式子叫做**比例**。

在上图的三面国旗的尺寸中，还有哪些比可以组成比例？

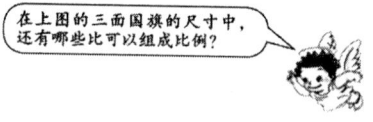

图 3-4　人教版(2013)六年级下册第 40 页定义

这两种教材都选择了操场上的国旗和教室里的国旗进行研究，让学生充分运用已有经验，在感悟"形状相同、大小不同"的基础上，展开学习研究。与 1962 年和 1983 年版教材进行对比，我们可以明显感受到，2006 年与 2013 年版教材关注更多的是学生学习的路径，并且以问题引领的方式让学生展开研究：先让学生观察操场上的国旗与教室里的国旗长和宽的比值有什么关系，并询问他们有什么发现。在揭示了比例的意义之后，又追问：在这四(三)面国旗的尺寸中，还能找出哪些比可以组成比例？这样的编排方式关注了学生学以致用的能力。

在比例概念的引入方面，2006 年和 2013 年版教材除了上面所说的相同点，也存在不同点，主要是提示语的异同。2006 年版教材是以学生对话的方

式呈现问题的:我们来看看学校里的两面国旗的长和宽的比值有什么关系。2013年版教材是直接以教材中的问题作为提示语的:上图中操场上和教室里的两面国旗长和宽的比值有什么关系?两个提示语所表达的意思基本一致,但2013年版教材的问题的指向更明确。

在得到两面国旗中长和宽的比值以后,2006年版教材直接给出了比例式2.4∶1.6＝60∶40,这对于学生来说,理解起来或许有一定的难度:为什么可以将两个比用等号连接?这中间有思维的断层。而2013年版教材则是以小精灵的口吻提出问题:"你能发现什么?"这一问题将学生的关注点从长与宽的关系比转向了两个比值的比较,突出了比例成立的标准:两个比的比值相等。2013年版教材这样的编写,既避免了1962年、1983年版教材那样用告知的方式原原本本呈现知识形成过程,也避免了知识形成过程跳跃过快,造成学生思维断层的状况。这是一种较好的编写方式。

对比过了四种教材在比例概念引入方式方面的异同,我们再来分析它们在比例意义的表述上的异同。1962年和1983年版教材采用的是"下定义"的方式揭示比例的意义:"表示两个比相等的式子叫作(做)比例。"而2006年和2013年版教材则采用"描述＋下定义"的方式揭示比例的意义:"像这样表示两个比相等的式子叫做比例。"虽然四种教材描述比例意义的语句是一致的,但前两版使用的是陈述性语句,而后两版则通过归纳的方式描述。

> **思考**
>
> 小学数学中,概念有很多种表现形式,主要有描述的方法、下定义的方法等,对于"比例"的概念,你认为哪一种表现形式比较好?为什么?

(3)比例各部分名称介绍的异同

> **思考**
>
> 你觉得对同一个内容的介绍,不同时期的四种教材分别会选择怎样的方式?有什么异同?

比例是由四个数组成的,每个数都有自己的名称。那么,四种教材是如何介绍比例各部分名称的呢?

>> 比例的意义教学研究

1962年版:组成比例的四个数叫作比例的项。两头的两个项叫作外项,中间的两个项叫作内项。

1983年版:组成比例的四个数叫做比例的项。两端的两项叫做外项,中间的两项叫做内项。

2006年、2013年版:组成比例的四个数叫做比例的项。两端的两项叫做比例的外项,中间的两项叫做比例的内项。

我们发现,四个不同时期的教材对比例各部分名称的介绍基本保持不变。除了一些修饰的定语、措辞外,四种教材中表述的词句基本是一致的。而且其呈现的方式也是一致的,都是以编者陈述的方式直接叙述的。除了用文字表述外,四种教材都在典型比例式中加以例举,如:

$$2.4:1.6=60:40$$

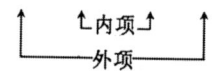

$$\underset{\underset{\text{外项}}{\uparrow}}{\overset{\underset{\text{内项}}{\uparrow\uparrow}}{}}$$

值得注意的是,2013年版教材除了有文字介绍,在典型比例式中介绍各部分名称外,还介绍了分数形式的比例式中的内项和外项,丰富了学生对比例的认识。

(4)比例基本性质推导的异同

"在比例里,两个外项的积等于两个内项的积。这叫作(做)比例的基本性质。"对于这一知识点,这四种教材呈现的方式有所不同。

1962年版教材是在介绍了典型比例式中的各部分名称后,随即用陈述的方式介绍:

在这个比例里,两个外项的积是　　$3\times 25=75$,

　　　　　　　　两个内项的积是　　$5\times 15=75$,

所以　　　　　　　　　　　　　　　$3\times 25=5\times 15$。

有意思的是,1962年版教材在这里并没有提炼出比例的基本性质,而是又例举了一个比例式"$6:8=27:36$",通过计算外项之积与内项之积来说明:

两个外项的积是　　$6\times 36=216$,

两个内项的积是　　$8×27=216$，

所以　　　　　　　$6×36=8×27$。

因此，1962年版教材是通过计算两个比例式的外项之积与内项之积来推导出比例的基本性质的，同时，其在表述上逻辑严谨，格式规范。

1983年版教材也是在介绍了典型比例式中的各部分名称后，接着用陈述的方式介绍比例中两个外项的积与两个内项的积的计算方法，这一编写方式与1962年版教材是一致的。所不同的是，1983年版教材并没有另外举例，而是将典型比例式改写成分数形式，再进行计算：

如果把比例写成分数形式，就是等号两端的分子和分母交叉相乘，积相等。

$$\frac{80}{2} \diagdown\!\!\!\!\diagup \frac{240}{6}$$

$$80×6=2×240$$

这样的编写，一方面有助于学生对比例不同表征形式的进一步熟悉与巩固，为比例基本性质的推导提供丰富的素材；另一方面也为后续的解比例作知识上的孕伏。

2006年和2013年版教材一改1962年、1983年版教材"编者陈述"的方式，以填空的方式引领学生自主探究比例的基本性质。不过2006年版教材和2013年版教材在编排方式上还是有一定区别的。图3-5、图3-6为2006年版教材和2013年版教材中的编排内容：

组成比例的四个数，叫做比例的项。两端的两项叫做比例的外项，中间的两项叫做比例的内项。

例如： 2.4 : 1.6 = 6 0 : 4 0
　　　　　　　　└─内项─┘
　　　　　└──外项──┘

两个外项的积是 2.4 × 40 = _____，
两个内项的积是 1.6 × 60 = _____。

如果把比例改成分数形式，等号两边的分子和分母分别交叉相乘，所得的积有什么关系？

$\frac{2.4}{1.6} = \frac{60}{40}$ → 2.4 × 40 ○ 1.6 × 60

在比例里，两个外项的积等于两个内项的积。这叫做比例的基本性质。

图3-5　人教版(2006)六年级下册第34页定义

>> 比例的意义教学研究

组成比例的四个数，叫做比例的项，两端的两项叫做比例的外项，中间的两项叫做比例的内项。

例如：

2.4∶1.6=60∶40

如果把上面的比例写成分数形式：$\frac{2.4}{1.6}=\frac{60}{40}$，2.4 和 40 仍然是外项，1.6 和 60 仍然是内项。

1 计算下面比例中两个外项的积和两个内项的积。比较一下，你能发现什么？

（1）2.4∶1.6=60∶40　　（2）$\frac{3}{5}=\frac{9}{15}$

2.4×40=96　　　　　　　3×15=_____

1.6×60=96　　　　　　　5×9=_____

你能举一个例子，验证你的发现吗？

在比例里，两个外项的积等于两个内项的积。这叫做比例的基本性质。

你能用字母表示这个性质吗？

图 3-6　人教版（2013）六年级下册第 41 页定义

2006 年版教材在介绍了组成比例的四个数的名称后，通过填空的方式，分别计算比例中两个内项之积和两个外项之积；再把比例改成分数形式，将等号两边的分子和分母分别交叉相乘，然后用填关系符号的形式，让学生发现积的关系；在此基础上，用小精灵对话的方式提炼出比例的基本性质。

2013 年版教材在介绍了不同形式比例式的各部分名称后，接着以例题的方式，先提出问题"计算下面比例中两个外项的积和两个内项的积。比较一下，你能发现什么？"让学生通过计算，发现在这两个比例中，两个外项的积与两个内项的积都相等。这是学生初步发现的一个规律，为进一步验证这个规律的一般性，2013 年版教材又以小精灵提问的方式呈现：你能举一个例子，验证你的发现吗？在此基础上，总结出比例的基本性质。这样的编排，更关注学生的学习方式，重视学生经历知识、方法的获得过程，使学生在自主学习、主动探索的基础上，经历"提出问题—自主计算—汇报交流—初步发现—举例验证—概念总结"的猜想、验证的归纳推理过程。

2013 年版教材还在例题的最后以小精灵的对话方式增加了一个问题：

你能用字母表示这个性质吗？引导学生自主得出该性质的字母表征，使知识一般化、模型化，这能更好地促进学生代数思维的发展。

◎习题分析

习题是教材的重要组成部分，具有巩固、深化、拓展教学内容的作用。习题的选择与编排体现的是编者对于知识训练的要求。那么这四种教材在习题编排上有什么异同呢？

(1) 习题数量的异同

表3-2列举了1962年、1983年、2006年和2013年版教材中的习题数量情况。

表3-2 "比例的意义和基本性质"一节的习题数量情况（单位：个）

教材年版 数量 分类	比例的意义习题数	比例基本性质习题数	综合应用习题数	星号题数量
1962年版	3	1	0	0
1983年版	5	2	0	0
2006年版	6	5	4	2
2013年版	6	7	7	0

从上表中我们可以发现：总体上说，2006年和2013年版教材在比例的意义和基本性质这一节的习题数量明显比1962年和1983年版教材多。在习题的配置上，1962年和1983年版教材分别有3个例题，但只安排了一组练习题；而2006年和2013年版教材分别在每个例题后都安排了"做一做"练习，其针对例题进行模仿并引导学生进行新的尝试，针对性强（这也是课标教材不同于以往教材的一大亮点），然后又为这一节整体安排了一组练习。仔细分析上表可以发现，在比例的意义方面，四种教材中的习题数量基本差不多，它们的差异主要在比例的基本性质与综合应用部分。综上所述，我们得出：随着新课程改革，数学教学越来越关注学生能力的发展，尤其是综合应用所学知识解决实际问题的能力。这与课标提出的理念是一致的。

(2) 习题类型的异同

我们将四种教材中习题的类型进行了罗列与比较（见表3-3），发现了一

>> 比例的意义教学研究

些共有的类型与独有的类型。

表 3-3 习题类型情况

分类\教材年版	判断两个比是否可以组成比例,并写出比例	判断对应的两个量是否组成比例,并写出比例	图(两个相似三形)中四个数能组成多少个比例	四个数是否可以组成比例,并写出比例	写出指定比值的两个比,组成比例	在具体情境中理解比例的意义	应用比例的性质判断比例	解比例	比例性质逆向应用	根据文字描述写比例并解比例	综合应用比例知识解决实际问题
1962 年版	√					√	√				
1983 年版	√					√	√				
2006 年版	√	√	√	√	√	√	√	√	*√	√	√
2013 年版	√	√	√	√	√	√	√	√	√	√	√

注:*√代表此类型习题为带星号习题。

四种教材共有的习题类型:

①判断两个比是否可以组成比例,并写出比例。

四种教材中对这一类型练习的表述几乎一致,且都是将这一题作为本章节的第一道练习题,可见这是一道最基本的练习。让学生通过计算每组中两个比的比值从而判断两个比是否成比例,是让学生巩固所学的比例概念的知识,同时使学生明白:比值是否相等是两个比能否组成比例的充要条件。

②在具体情境中理解比例的意义。

下面几道题分别为 1983 年、2006 年、2013 年版教材中的习题:

1983 年版教材第 47 页第 3 题:一台拖拉机第一次工作 3 小时,耕地 $28\frac{1}{2}$ 亩;第二次工作 4 小时,耕地 38 亩。(1)分别写出每次耕地亩数和工作时间的比,如果这两个比能组成比例,再把组成的比例写出来。(2)写出两次耕地亩数的比和两次工作时间的比,如果这两个比能组成比例,再把组成的比例写出来。

2006年版教材第36页第4题:今年2月份我市晴天和阴天的天数比是3∶4。去年2月份我市有12天是晴天,16天是阴天。(1)去年和今年2月份晴天和阴天的天数之比,是否可以组成比例?(2)如果可以组成比例,指出比例的内项和外项。

2013年版教材第43页第4题:李叔叔承包了两块水稻田,面积分别为0.5公顷和0.8公顷。秋收时,两块水稻田的产量分别为3.75 t和6 t。(1)两块水稻田的产量与面积之比,是否可以组成比例?(2)如果可以组成比例,指出比例的内项和外项。

这几道题虽然情境不同、素材不同,但类型是相同的,都是借助一个情境,出示两组相关联的量,要求学生根据题意写出相应的比,并判断是否可以组成比例。这样的练习,意在让学生巩固所学的比例的意义的知识。

不同的是,1983年版教材中的这道习题的两个问题之间是并列关系,练习的意图都指向对比例的意义这一知识点的理解与巩固。2006年和2013年版教材的练习中同样也有两个问题,但这两个问题之间是递进关系,即只有先解决第一个问题(判断出两个比能否组成比例),才可以解决第二个问题(指出比例的内项和外项)。虽然这两个问题都在让学生巩固所学的比例的意义这一知识点,但它们涉及的知识面更广一些,能让学生对比例各部分的名称的知识点也有一定的巩固。

③解比例。

依据比例的基本性质解比例也是一道基本练习。四种教材都在比例的意义的章节中安排了解比例内容。1962年版教材中没有出现分数形式的比例,因此其解比例的习题中也只呈现了一种形式的比例,而其余三种教材的解比例习题中都呈现了两种不同形式的比例。这一类型的练习能让学生在习题中明确解比例的依据,熟练掌握解比例的技能。值得说明的是,这些教材中出现的比例的各项涵盖了整数、分数、小数,未知项的位置也考虑了各种可能性,这更有利于提高学生解各种类型比例的能力。

四种教材中非共有的习题类型:

1983年版教材第47页第7题:任意写出两个比例,看每个比例中的两个内项的积和两个外项的积是不是相等。

这种不借助任何情境、纯概念式的验证比例基本性质的习题是1983年版教材独有的练习类型。教材中的比例的基本性质是采用不完全归纳的方式推导出来的,这对部分学生来说,还是会存在一些迷惑与不肯定。这样的练习,能帮助学生进一步验证比例的基本性质,培养学生严谨的科学求知精神。这一类型的习题对于当时的教材来说,具有一定的开放性。它的素材来源于学生,能培养学生的自主学习能力。不过,这一练习如果安排在比例的基本性质知识点后作为尝试性练习,可能效果会更好。

2013年版教材第43页第7题:已知$24×3=8×9$,根据比例的基本性质,你能写出比例吗?你能写几个?

这一题考查的是比例的基本性质的逆向应用。在练习时,学生可以把等式两边的两个乘数分别看成比例的内项或外项,从而写出不同的比例。这一题具有很大的开放性,能够培养学生思维的灵活性与多样性。这种类型的练习在2006年版教材中也有一题,但它是作为星号题被放在一组练习的倒数第二题的位置,显然这一类型的习题是有难度的。这一类型的习题在2013年版教材中不是以星号题呈现的,这说明我国对比例基本性质的教学要求在提高,对培养学生思维能力的要求也有所加强。

2013年版教材第44页第9题:相同质量的水和冰的体积之比是9∶10,一块体积是50 dm³的冰,化成水后的体积是多少?

这是利用解比例来解决实际问题的练习,表现形式为:已知两个量之间的最简整数比及其中一个量,求另一个量。尽管在其他教材中也有这种类型的练习,但已知的两个量之间的最简整数比的前项、后项均不是1的,仅此一题。解决这个问题的关键是两个比的前项、后项所对应的量要一致,再根据量与量之间的关系正确列出比例式。

2013年版教材第44页第15题:李老师买了6个足球和8个篮球,买两种球所花钱数相等。(1)足球与篮球的单价之比是多少?(2)如果足球的单价是40元,那么篮球的单价是多少?(3)你能提出其他数学问题并解答吗?

这是一道综合性很强的习题,已知两种球的个数以及两种球的总价相等,求单价之比。学生在做题时,可利用之前所学的"假设法",如假设每个足球20元,根据两种球的总价相等这个条件,求出篮球的单价;也可利用比例基本性质的逆向应用,写出数量关系式"6×足球单价=8×篮球单价",算出篮球的价格。这一题对学生来说有一定的难度,因此是作为一组练习的最后一题。

(3)习题素材的异同

理论上说,不同时期的教材在习题素材的选择上是不同的,但在内容编排上还是有一定的传承性。该特点在这四种教材中都有一定的体现:①1962年和1983年版教材选择的素材有"拖拉机耕地""钢厂节电"等,2006年和2013年版教材则选择了"汽车模型""博物馆展品""小区楼房高度"等素材,都具有一定的时代感。②2013年版教材与2006年版教材在习题素材的选择上有很多相似或相同之处,2013年版教材中75%的习题素材与2006年版教材一致,这体现了人教版教材的传承与发展。

2006年版教材中有一道练习题的素材没被2013年版教材传承,我们对其进行仔细阅读、斟酌后,不禁为教材编者点赞。让我们来分析这一题:

(1)去年和今年2月份晴天和阴天的天数之比,是否可以组成比例?
(2)如果可以组成比例,指出比例的内项和外项。

图3-7 人教版(2006)六年级下册第36页练习六第4题

>> 比例的意义教学研究

粗略一看,这是一道在具体情境中理解比例意义的习题,能让学生感悟"数学在身边"。从这个价值看,它不失为一道好题。而且,它在题意表达、语句陈述上都没有问题。但仔细斟酌即可发现,这道题显然有科学性、逻辑性错误。第一,它在分类上没有穷尽:天气情况只能分为"晴天"与"阴天"吗?那么"雨天"该算哪一类呢?第二,出现什么天气情况是随机现象,或许总体上来看天气变化是趋于稳定的,但也不至于有确定的规律可循,更不可能按一定的比例出现,这是不科学的。这两点足以说明这一题是"有问题"的。2013年版教材在修订过程中没有沿用这一题,说明编者对教材编写秉持了科学性原则。

素材选择的另一层含义是"量的选择"。比例知识反映了生活和数学中最基本、最常见的数量关系和变化规律,既是现实问题的抽象,又是解决问题的工具。因此,教材对量的选择也值得分析。

基于此,我们将四种教材的练习中"解决问题"部分的数量关系进行了分析(见表3-4)。

表3-4 "解决问题"数量关系分析

素材分类 是否存在 教材年版	异类量					同类量			
	路程与时间之比	图形中面积与边长之比	工作总量与工作效率之比	总价与数量之比	产量与面积之比	时间与次数之比	总价之比与数量之比	晴天天数之比与阴天天数之比	模型高度与高度之比	体积与体积之比
1962年版							√			
1983年版	√	√	√							
2006年版					√			√	√	
2013年版				√		√			√	√

从上表中我们可以清晰地发现,1983年版教材的练习在"解决问题"部分所涉及的量都是异类量,如路程与时间之比、面积与边长之比、工作总量

与工作效率之比等,这与该教材例题素材选择的特点是一致的(不知你是否还记得,我们在此前关于例题素材选择的内容中曾经有过相似的描述);而1962年版教材中例题素材相对来说比较单一,仅仅涉及同类量之比;2006年和2013年版教材练习的素材则兼顾了两种量,这有助于学生通过练习来理解量与量之间的本质关系,从而有效掌握比例的概念。

值得一提的是,1983年版教材中有一道关于图形中面积与边长之比的练习题:

一个长方形面积是 $1\frac{3}{4}$ 平方米,宽是 $\frac{21}{8}$ 米。另一个长方形面积是 $1\frac{1}{6}$ 平方米,宽是 $\frac{7}{4}$ 米。

(1)分别写出每个长方形面积和宽的比,看这两个比能不能组成比例。

(2)写出两个长方形面积的比和两个长方形的宽的比,看这两个比能不能组成比例。

这一题与其他教材中练习题素材最大的不同是:问题情境不是在数与代数领域,而是在图形与几何领域;所涉及的比不是一维的同类量之比,而是二维的异类量之比。这能够让学生体会数学问题的普遍性与解决问题方法的一般性,从而增加其解决问题的经验。

(4)习题认知水平的异同

布卢姆等在《教育目标分类学》一书中,在认知领域将教育目标分为六大类别:知识、领会、运用、分析、综合、评价。这一分类理论由于缺乏可靠的实证,导致其在连续性和层次性方面存在漏洞。鉴于此,顾泠沅等进行了两次大样本测试,从大量外显行为所表征的教学目标中析取内隐主要因素,由此来确定目标框架的层次并研究分类的连续性,最后经过重新分类,将数学认知水平分析框架分为四个层次:

水平1:计算——操作性记忆水平;水平2:概念——概念性记忆水平;水平3:领会——说明性理解水平;水平4:分析——探究性理解水平。

其中,水平1、水平2为记忆水平,属于较低认知水平;水平3、水平4为理解水平,属于较高认知水平。水平4通常被认为是高认知水平。

比例的意义教学研究

结合比例的意义和基本性质的内容,我们把认知水平分析框架具体化:

水平1:计算——操作性记忆水平。根据教材提供的程序或方法进行基本计算,或对问题中的元素进行常规操作。这里我们把与教材上较简单的例题形式相同的练习题归为该水平,如:判断两个比是否可以组成比例,若可以组成比例,请把组成的比例写出来。学生只要根据例题提供的方法,按部就班地答题就能解决问题:首先,分别算出两个比的比值;其次,看比值是否相等;最后,判断能否组成比例。

水平2:概念——概念性记忆水平。考查学生对教材概念、规则、表达形式记忆的题目属于该水平,如:任意写出两个比例,看每个比例中两个内项的积和两个外项的积是不是相等。在这类题型中,学生要记住"比例""内项""外项"等概念或术语,并对比例的意义和基本性质能进行简单的识别。

水平3:领会——说明性理解水平。能理解概念、原理、法则和数学结构的内涵,从而能根据教材例题解决常规的问题;涉及转化问题的不同形式,并比较、分析常规问题的不同变式;合理选择数学方法,灵活运用所学知识;能够根据已呈现的关系读懂推理思路。这里我们把与教材上例题形式不同的练习题归为该水平,如:哪组中的四个数可以组成比例,把组成的比例写出来。例题呈现的是两个比,而练习题呈现的是四个数,这四个数没有固定的对应关系,学生需要自己通过两两配对、计算比值、比较来进行判断,显然,需要学生理解了比例的意义才能做对这样的练习题。

水平4:分析——探究性理解水平。能分析、创造性地解决没有接触过的非常规问题,把分析过程综合起来通盘考虑,对问题的解决过程或方案可以做出价值判断。我们将练习题中学生没有接触过的、非常规的问题,以及综合性较强的、具有开放性的问题都归为该水平,如:把等式"$3\times40=8\times15$"改写成比例。这道例题是比例基本性质的逆向应用,具有很大的开放性。

根据上述数学认知水平分析框架,我们对2013年版教材中比例的意义和基本性质这一节的练习题(包括每个例题后的"做一做"练习)进行了水平划分(见表3-5)。

表3-5 "比例的意义和基本性质"练习题认知水平分析

序号	题 目	水平1	水平2	水平3	水平4
1	下面哪组中的两个比可以组成比例?把组成的比例写出来。 (1)6∶10和9∶15	√			
2	用图中的4个数据可以组成多少个比例?			√	
3	应用比例的基本性质,判断下面哪组中的两个比可以组成比例。 (1)6∶3和8∶5	√			
4	解比例。 (2)0.4∶□=1.2∶2			√	
5	餐馆给餐具消毒,要用100 mL消毒液配成消毒水,如果消毒液与水的比是1∶150,应加入水多少毫升?			√	
6	下面各表中相对应的两个量的比能否组成比例?如果能,把组成的比例写出来。	√			
7	哪组中的四个数可以组成比例?把组成的比例写出来。 (1)4、5、12和15			√	
8	写出比值是5的两个比,并组成比例。		√		
9	李叔叔承包了两块水稻田,面积分别为0.5公顷和0.8公顷,秋收时,两块水稻田的产量分别为3.75 t和6 t。 (1)两块水稻田的产量与面积之比,是否可以组成比例? (2)如果可以组成比例,指出比例的内项和外项。		√		

》 比例的意义教学研究

(续表) 表3-5 "比例的意义和基本性质"练习题认知水平分析

序号	题目	水平1	水平2	水平3	水平4
10	应用比例的基本性质,判断下面哪组中的两个比可以组成比例。 (1)6:9和9:12	√			
11	一个女孩的心脏45秒跳54次,小红说:那1分钟跳72次。小红说得对吗?			√	
12	已知$24×3=8×9$,根据比例的基本性质,你能写出比例吗?你能写几个?				√
13	解比例。 (2)$0.8:4=\square:8$			√	
14	相同质量的水和冰的体积之比是9:10。一块体积是50 dm³的冰,化成水后的体积是多少?			√	
15	按照下面的条件列出比例,并且解比例。 (1)5与8的比等于40与□的比。			√	
16	汽车厂按1:20的比生产了一批汽车模型。 (1)轿车模型长24.3 cm,轿车的实际长度是多少?			√	
17	博物馆展出了一个高为19.6 cm的秦代将军俑模型,它的高度与实际高度的比是1:10。这个将军俑的实际高度是多少?			√	
18	育新小区1号楼的实际高度为35 m,它的高度与模型高度的比是500:1。模型的高度是多少厘米?			√	
19	把下面的等式改写成比例。 (1)$3×40=8×15$				√

表 3-5　2013 年版教材"比例的意义和基本性质"练习题认知水平分析　（续表）

序号	题　目	水平 1	水平 2	水平 3	水平 4
20	李老师买了 6 个足球和 8 个篮球，买两种球所花钱数相等。 (1)足球与篮球的单价之比是多少？ (2)如果足球的单价是 40 元，那么篮球的单价是多少？ (3)你能提出其他数学问题并解答吗？				√

注：表中题目不完整，只截取了部分内容。

从上表中我们发现，2013 年版教材中这一节的习题按认知水平划分，属于水平 1 的习题占 20%、属于水平 2 的习题占 10%、属于水平 3 的习题占 55%、属于水平 4 的习题占 15%。属于水平 3 的习题占了一半以上，这体现了教材习题在培养学生思维方面的重点：领会比例的意义和基本性质，能合理选择方法并灵活运用所学知识解决实际问题。

那么另外三种教材中习题编排是否也有这样的现象呢？我们对这四种教材的习题进行了认知水平划分（见表 3-6）。

表 3-6　"比例的意义和基本性质"练习题认知水平比较

教材版本	题量	水平 1 题量及占比	水平 2 题量及占比	水平 3 题量及占比	水平 4 题量及占比
1962 年版	4	2(50%)	0	2(50%)	0
1983 年版	7	2(28.6%)	1(14.3%)	4(57.1%)	0
2006 年版	17	4(23.5%)	2(11.8%)	9(52.9%)	2(11.8%)
2013 年版	20	4(20%)	2(10%)	11(55%)	3(15%)

从上表中我们发现：①1983 年、2006 年版教材与 2013 年版教材一样，在习题编排上，都比较侧重水平 3，水平 3 的习题都占了相当大的比重。这或许就是人教版教材一贯的编写原则——关注学生对知识的理解与应用。②这几种教材习题的设置偏重水平 1、水平 3，而对水平 2、水平 4 涉及比较少。水平 1 是操作性记忆水平，这个水平上的题目在这几种教材中所占的比重差不多。水平 1 的习题是与例题形式相同或类似的题，学生通过模仿并按

一定的方法或程序可以解决它。通过这样的练习,学生能巩固基础知识。水平3的习题是训练的重点,它能培养学生学以致用的能力。这几种教材中属于水平2的题目的比重差不多,都在10%左右。这几种教材中属于水平4的题目则相对比较少,1962年和1983年版教材都没有安排该水平层次的练习题,2006年和2013年版教材则安排了一定比重的题量。这体现了教材编写的开放性,也体现了课标教学理念——培养创新人才的需求。

3.1.2 不同时期人教版师范教材比较

每一次的课程改革都会对教材编写产生一定的影响,比较不同时期教材对比例这一知识内容的编排,可以了解课程发展的进程,还可以分析社会发展对教育教学的影响。那么不同时期的师范教材有什么变化呢?我们找到了人民教育出版社于1956年和1973年编制的两本教材,分别是小学数学教师进修用书《算术》(下册)和北京市师范学校试用课本《算术》。经过研究,我们发现它们编排的内容很有意思。下面我们来介绍一下这两本教材对比例的知识的编排情况。

(1)小学教师进修用书《算术》(下册)

教材直接出示比例的概念:

两个相等的比,用等号结合成为一个式子(即列成等式),叫作比例。

例如:火车的速度,每小时40公里,2小时行80公里,5小时行200公里,6小时行240公里,8小时行320公里,10小时行400公里,12小时行480公里……。列成表式如下:

	甲	乙	丙	丁	戊	己	庚	
小时	1	2	5	6	8	10	12	……
公里	40	80	200	240	320	400	480	……

每小时的速度40公里是一定的单位值,叫常数。时间及路程是变动的量,叫变量。表示变量的数,叫变数。上面的问题,路程的变,跟着时间,例如:时间2,路程80;时间10,路程400;时间20,路程800;时间100,路程4000……。所以,时间叫自变量,路程叫因变量(即因时间的变而变)。

上面表式中任意取两项的比,作成比例:

3 教材研究

乙∶甲	时间	$2∶1=2$	路程	$80∶40=2$	比例式	$2∶1=80∶40$
丙∶乙	时间	$5∶2=2\frac{1}{2}$	路程	$200∶80=\frac{1}{2}$	比例式	$5∶2=200∶80$
丁∶乙	时间	$6∶2=3$	路程	$240∶80=3$	比例式	$6∶2=240∶80$

……

由此,时间2倍,路程也2倍;时间3倍、4倍、5倍……路程也3倍、4倍、5倍……这种关系叫比例关系。

教材编排的顺序是:首先,给出比例的概念;其次,通过例举的方式,说明自变量与因变量的变化关系;最后,两两相比,得到两个比的比值相等并将其列成比例式。

(2)北京市师范学校试用课本《算术》

教材一开始就进行了说明:前面学过了比的意义和性质,而在生产和生活中还常常用到比例的知识,因此要进一步研究比例的意义和性质。

教材中例题的素材非常具有时代感:在曙光大队插队的知识青年和贫下中农一起收割麦子,2小时割了5亩,5小时割了12.5亩。然后教材分别写出了时间的比和割麦亩数的比,从而揭示了它们比值之间的关系:这两个比的比值相等,即两个比可以写成 $2∶5=5∶12.5$。接着,教材出示比例的定义:表示两个比相等的式子叫作比例。同时,教材还指出:比例这个概念反映了两种量的内在联系,即一种量的两个数值的比,等于另一种量对应的两个数值的比。因此,比例研究的是两种量的两组对应值之间的关系,即四个数值之间的关系,而前面讲的比,研究的是两个数或两个同类量之间的关系。

教材编排的顺序是:首先,介绍比例的价值;其次,通过例题的方式,研究两个相关联的量的比值;最后,揭示比例的概念。

从编排内容和形式上看,这一教材受当时的时代背景的影响很深。

对比这两种师范教材,我们还是可以发现一些共同点的:都是面向小学数学教师的教材。因此对比例概念的本质揭示得比较到位,非常详细、清楚地阐释了比例研究的是两组相关联的量之间的关系。

3.2　教材横向比较

在这一节中,我们将对教材进行横向比较。进行横向比较的研究指的是对同一时期不同版本教材中"比例的意义和基本性质"一节的编写情况进行研究,进而从中发现其各自的特点。美国著名的比较教育学家贝雷迪说:"从认识别人而得到自我认识,是比较教育所能提供的最有价值的教育。"发现彼此的差异和特点,审思它们的变化过程和变化趋势,有利于我们更好地进行教学设计,进而组织和实施教学活动。

世纪之交,我国实施了一场具有深远影响的课程改革。2001年6月,教育部印发了《基础教育课程改革纲要(试行)》,明确提出了新课程总的培养目标和基础教育课程改革的具体目标。该纲要提出:国家课程标准是教材编写、教学、评估和考试命题的依据。2001年7月,教育部制定了《全日制义务教育数学课程标准(实验稿)》,结束了我国很长一段时间中小学统一使用一种教材,即"一纲一本"的现象,开启了"一标多本"的教科书政策。比较与研究根据课标编写的不同教材是一件非常有意思的事,下面我们将选取一些教材对其比例的知识部分内容进行比较与研究。

― 思考 ―
> 如果要横向比较教材,你会选择哪些角度呢?

3.2.1　教材结构比较

(1) 选取的教材情况

这里选取的五种教材都是根据2011年版课标编写的,它们分别是2012年浙江教育出版社出版的义务教育课程标准《新数学读本》六年级下(以下简称"浙教版教材"),2013年北京师范大学出版社出版的义务教育教科书《数学》六年级下册(以下简称"北师大版教材")、2013年江苏凤凰教育出版社出版的义务教育教科书《数学》六年级下册(以下简称"苏教版教材")、2013年西南师范大学出版社出版的义务教育教科书《数学》六年级下册(以下简称"西南师大版教材")、2014年青岛出版社出版的义务教育教科书《数学》六年级下册(以下简称"青岛版教材")。

(2)比例的教学安排

根据这五种教材中比例知识的编排情况,我们制作了下表:

表3-7 "比例"的编排情况

教材版本	教学安排	所在单元	单元标题
浙教版	六年级第二学期	第一单元	比例
北师大版	六年级第二学期	第二单元	比例
苏教版	六年级第二学期	第四单元	比例
西南师大版	六年级第二学期	第三单元	正比例和反比例
青岛版	六年级第二学期	第三单元	啤酒生产中的数学——比例

从上表中我们可以看到:我们所选取的五种教材都将比例的知识放在六年级第二学期进行教学。看来,这些教材的编写者都认同一点:比例知识的学习需要学生具有较为丰富的知识和经验,以及较高的思维发展水平。这正符合了比例这块知识的特点:应用性强,综合性强,是一种新的思维方式和数学模型,需要学生在较高水平层面上进行学习。

在查阅资料的过程中,我们发现了一个有意思的问题:2001年北师大版教材没有编排比例的内容。该教材的编者是这样解释的:学习正反比例,实际上是学习一种函数思想,而比例的知识不是学习这部分内容的必要条件,也考虑到有些问题不一定非要用比例的知识去解决,更多的是利用比的意义去解决,同时为了突出主题,减轻学生的概念记忆负担,教材中没有过多地引入概念,所以在小学阶段不再教学比例的知识。而2013年北师大版教材重新将比例的知识编入教材,该教材的编者是这样说的:考虑到中小学衔接,实验区广大教师对将比例的知识编入小学教材的呼声也较多,因此,在正反比例中增加了"比例的认识"。

无论是删去还是编入,都是编者根据其对课标解读后的理解,从以学生为本的角度去考虑的。

比例是传统的教学内容之一,是小学高年级学生需要学习和掌握的重要基础知识,有较大的实用价值,有一些实际问题需要用比例来解决。此外,比例也是学生进一步学习所需要掌握的基础知识。因此,现行教材都编排了比例的相关知识。

> **思考**
> 你发现单元标题有什么异同吗?说说你的理解。

在单元标题的设置中,浙教版、北师大版、苏教版教材都是直接以"比例"为标题呈现的。青岛版教材以"啤酒生产中的数学"为单元大标题,体现了单元主题情境,凸显了素材选择的地方特色。不过,其大标题后附加了小标题"比例",故其实际上与浙教版、北师大版、苏教版教材是类似的。西南师大教材版则以"正比例和反比例"为单元标题,而"比例"只是其中一个小节的标题。这种编排形式或许是基于课程标准传达的理念——强化对函数思想的渗透。

(3)教材编排顺序

比例的知识主要包括比例的意义和比例的基本性质,具体内容为比例的意义、各部分名称、基本性质,以及解比例。这一知识块内容多、概念多。对于哪个内容先学,不同的编者有不同的考虑。分别对五种教材关于比例单元的整体编排进行梳理,可以让我们大致了解教材编者的整体看法,以及编者认为合适的学生学习顺序。下面是我们对五种教材的梳理情况。

浙教版教材编排顺序:①单元主题图。标注了五幅图片,分别为:我国植被覆盖图、我国煤炭主产区分布图、磁悬浮列车运行图、郑和航海图。学生需要通过观察图片与提示语,完成准备训练。②主题图。标注了两个场景(森林、草地)中森林的面积与供氧量、物体的高度与影子的长度,要求学生写出相等的比,由此来揭示比例的意义。③介绍比例的各部分名称,并介绍用字母表示的比例式的两种形式(一般比例式和分数形式)。④自主探索比例的基本性质。根据前面信息写出积相等的算式以及比例式,让学生通过观察来发现规律,从而引出比例的基本性质。⑤练习。⑥正比例的知识及练习。⑦解比例的知识及练习。⑧比例尺的知识。⑨解决问题(一)(二)(三)及练习。⑩反比例(一)(二)及练习。⑪解决问题(四)及练习。⑫整理与复习。

北师大版教材编排顺序：①复习"比的知识"。让学生思考"图片像不像"问题。②从比值相等的图片推出图片像。揭示比例的意义，以及认识比例的各部分名称。③让学生通过尝试计算比例内项的积和外项的积，发现规律。④练习。⑤让学生用比例解决实际问题，学会解比例。⑥比例尺的知识及练习。⑦应用比例的知识进行简单图形的放大与缩小。⑧练习。

苏教版教材编排顺序：①介绍图形的放大与缩小。②让学生观察图形放大前后数据的比，并写出相等的比，从而揭示比例的意义。③练习。④根据图形缩小得到的信息，写出不同的比例；介绍比例的各部分名称，引导学生发现比例两个内项的积等于两个外项的积的规律，并用字母表示该规律，给出比例的基本性质。⑤解比例的知识及练习。⑥比例尺的知识及练习。⑦按比例放大与缩小图形，引导学生探究面积的变化。

西南师大版教材编排顺序：①单元主题图。具体情境为通过测量影子的长度来计算旗杆的长度。②让学生观察两次测量数据，得出竹竿长与影子长的比值相等，从而揭示比例的意义，介绍比例的各部分名称，并介绍比例的分数形式。③分别计算两个外项的积与两个内项的积，引导学生发现规律，从而引出比例的基本性质。④解比例的知识。⑤练习。⑥正比例的知识及练习。⑦反比例的知识及练习。⑧整理与复习。

青岛版教材编排顺序：①单元主题图。给出一辆货车两天运输大麦芽的运输次数与运输量的情况。②让学生思考运输量和运输次数的比以及它们的关系，得到比值相等，揭示比例的意义，介绍比例的各部分名称。③通过计算两个外项之积与两个内项之积，揭示其相等的特点，引出比例的基本性质。④解比例的知识及练习。⑤正比例的知识及练习。⑥反比例的知识及练习。⑦引导学生应用比例的知识解决问题。

从上述的梳理中，我们不难发现：不同版本的教材对比例知识点的编排还是有所差异的。

3.2.2 概念引入方式比较

(1) 例题素材选用的异同

我们先来看看不同教材例题的主题图：

>> 比例的意义教学研究

比例的认识

● 上学期学习"比的认识"时,我们讨论过"图片像不像"的问题。请同学们联系比的知识,再想一想,怎样的两张图片像?怎样的两张图片不像呢?

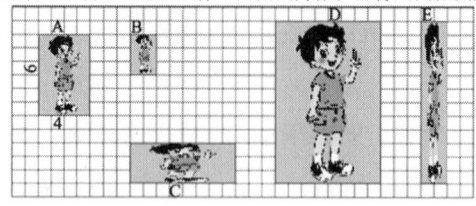

图 3-8　北师大版教材六年级下册第 16 页主题图

图 3-9　浙教版教材六年级下册第 4 页主题图

竹竿长(m)	3	9	…
影子长(m)	2	6	…

观察上表,你发现了什么?

图 3-10　西南师大版教材六年级下册第 40 页主题图

图3-11　青岛版教材六年级下册第36页主题图

图3-12　苏教版教材六年级下册第35页主题图

从上面的图中，我们可以直观地看到，不同版本教材选用的素材各不相同。我们可以看到素材选取有共同的特点：都注重联系生活实际，并创设问题情境。图片像不像、照片放大与缩小、物体高度与影子长度等问题情境都是学生日常生活中经常可以见到的现象。教材以生活中的现象为背景，引出所要学习的比例知识，能使学生体会到数学知识源于生活，也体现了数学学习内容的现实性。

仔细阅读这些素材，我们可以将它们分成两类。一类涉及的是"数与代数"领域中的一维数量比，浙教版、西南师大版、青岛版教材中选用的素材都属于这一类；另一类涉及的是"图形与几何"领域中的二维形状比，北师大版和苏教版教材中选用的素材属于这一类。

不同的素材显然体现了不同版本教材各自的个性与特色：

北师大版教材沿用了六年级上册"比的认识"章节中的"图片像不像"的

素材,体现了同一套教材的传承性。在引出比例概念后,北师大版教材又出示了"调制蜂蜜水"的素材,要求学生结合现实情境,积累理解比例意义的经验。两个素材:一个属于"图形与几何"领域,另一个属于"数与代数"领域,为学生理解比例的概念提供了丰富的实例支撑。

浙教版教材在例题中呈现了两个素材:森林面积与供氧量的关系、物体高度与影子长度的关系。不同的素材,不仅为学生学习知识提供了丰富的现实背景,也拓宽了学生的视野,有利于激发学生的学习兴趣。

西南师大版教材选择的是学生测量竹竿的素材。这一素材来源于单元主题图"旗杆有多高",它能引导学生通过测量影长来计算旗杆的高度。用活动情境作为比例在生活中的现实背景,可以极大地激发学生的学习兴趣,同时也可以作为学科整合的契机。而且,这里并没有具体计算出旗杆的高度,可以起到激发学生通过学习比例知识来解决实际问题的心理需求。

青岛版教材用一辆货车两天运输大麦芽的次数与吨数关系作为素材,这凸显了地方特色。

苏教版教材选用的是照片放大前后对比的素材,这一素材在这一单元中反复使用。

学习素材决定了学习活动,不同的学习素材预示着不同的教学路径,会产生不同的教学效果。那么,不同版本教材又是如何展开教学的呢?

(2)概念引入方式的异同

概念形成的过程实质上是抽象出某一类对象或事物的共同本质特征的过程,概念引入的方式则是编者对数学知识产生的观念体现。为帮助学生建立比例的概念,五种教材都借助具体的问题情境,让学生在解决问题的过程中理解概念,而且都非常关注学生的学习路径,以问题引领的方式展开教学。从这一点来看,五种教材在概念引入上的编写,其基本思路几乎是一致的。这体现了新课程注重培养学生解决问题能力这一目标。

对于比例概念的引入,五种教材都以比的知识作为基础,结合具体实例一步步揭示概念。但在表达上,各版本还是有不同之处,彰显了学生不同的知识建构方式。五种教材引入方式的主要区别在于情境问题的设置,其主要有两种：一种是针对性提问，以复习比和比值的方式引入；另一种是通过开放式提问，以学生讨论的方式引入。

浙教版、苏教版、北师大版、青岛版教材是以前一种方式引入的。

浙教版教材先呈现了两个情境图，提供了森林面积与供氧量、人的高度与影子长度的数据信息，然后提出操作与交流的要求：写出相等的比，并求出比值。该版本教材以人的高度与影子长度之间的关系为素材，完整地呈现了写比、求比值的过程，在此基础上引导学生把比值相等的两个比用等号连接。随后，其又提出"森林面积的比与供氧量的比相等吗？"这一问题，引导学生进一步理解"什么是两个比相等"的意义，继而揭示比例的概念。

苏教版教材以放大前后的两张照片为情境图，直接提出问题：每张照片长和宽的比分别是多少？这两个比有什么关系？该教材以卡通人物对话的方式，呈现放大前后照片长和宽的比，并计算出每个比的比值，再将两个相等的比用等号连接，最后，揭示比例的概念。值得一提的是，这些内容后面还有一个追问："分别写出照片放大后与放大前长的比和宽的比。这两个比也能组成比例吗？"通过追问的方式，引导学生进行新的尝试，来加深学生对概念的理解。

青岛版教材创设的是货车运大麦芽的情境，并以表格的方式提供货车两天的运输次数与运输量的信息，进而提出问题："运输量和运输次数的比各是多少？它们有什么关系？"教材以三个小朋友讨论的方式，呈现问题的结果，并指出两个比的比值相等，可以写成等式，然后揭示比例的概念。

北师大版教材以图片像不像为问题情境，直接提问："请同学们联系比的知识，再想一想，怎样的两张图片像？怎样的两张图片不像呢？"它虽然没有直接要求写比、求比值，但提供了思考的路径——联系比的知识，为学生学习新知识进行了铺垫。该教材接下来以两个小朋友对话的方式，列出两张图片的长与宽之比，并通过化简比，将两个相等的比用等号连接，然后揭示比例的概念。

虽然这四种教材提供的素材不同，但它们的编写结构、编写顺序，以及提问的方式、表述的过程几乎是一致的。

>> 比例的意义教学研究

与上面四种教材的引入方式不同的是,西南师大版教材采用的是后一种引入方式。该教材创设了学生测量竹竿的情境,以表格的方式提供竹竿长与影子长的数据信息,并提出问题:"观察上表,你发现了什么?"这一问题很宽泛,不像前几种教材中的问题那样指向明确。但是,在编写方式上,西南师大版教材与上述几版教材是一致的,用两个小朋友对话的方式,呈现几组竹竿长与影子长的比,通过比较得到两个比的比值相等,由此引出比例的概念。

在比较了五种教材的概念引入过程后,我们发现,在内容编排上,其中有几个特点值得一提:

第一,五种教材在揭示了比例的概念后,都介绍了比例各部分的名称,以及用分数形式表示的比例,丰富了学生对比例本质的认识。

第二,浙教版和北师大版教材在概念引入过程中提供了两种不同的问题情境,尤其是北师大版教材,分别提供了图形与几何领域的"图片像不像"情境、数与代数领域的"调制蜂蜜水"情境。第一个情境为引入概念服务,第二个情境帮助学生进一步理解概念。通过创设不同的情境,将抽象的比例与学生熟悉的生活建立起了联系,这不仅能促进学生对比例概念的理解,更重要的是能让学生感悟到比例在不同领域存在的广泛性。

第三,除了前面说过的特点,浙教版教材还具有两个个性特点。一是逻辑严谨。除浙教版以外的所有教材,都是直接写比、求比值,然后将两个比值相等的比用等号连接,继而揭示比例的概念。从表面上看,这没有问题。但仔细斟酌,这中间存在思维断层:什么是两个比相等?这一点从成人的角度去理解很容易,因为成人能根据前后知识的联系,自动建构"比值相等"与"两个比相等"之间的关系。但对于小学生来说,理解这一点是有一定困难的。浙教版教材在这个问题的处理上就与众不同,它采用小朋友对话的方式来说明:"两个比的比值相等,也就是两个比相等。"有这样一个过渡,从对已有知识的回顾到新知的引入就显得顺理成章,这让整个内容条理清晰,结构严谨。二是表征丰富。在揭示了比例的概念后,不同版本的教材都介绍了比例的各部分名称,但唯有浙教版教材编写了用字母表示比例这一内容,并介绍了各字母在比例式中的名称。这样的编写,将具体的例题进行了抽象,使知识一般化、模型化,能更好地促进学生代数思维的发展。

(3)比例的基本性质的编排方式的异同

比例的基本性质是在理解了比例意义的基础上,通过计算归纳出来的,是后续学习解比例的基础。在比例的基本性质的编排方式上,五种教材都注重问题引领,让学生在学习中经历发现规律、理解规律本质的过程,不过不同教材在呈现方式上还是有所差异。具体地说,呈现方式有三种方式。

第一种:直接指向型,即以明确的问题指向探究目标。西南师大版教材就是采用这样的方式。在让学生理解了比例的意义后,西南师大版教材给出了四个比例,然后直接出示问题:"将上面四个比例中的两个内项和两个外项分别相乘,你能发现什么?"这一问题的指向性很明确,学生利用教材提供的四个比例,将各个比例的两个内项与两个外项分别相乘,很容易发现规律。在此基础上,教材揭示比例的基本性质。正因为问题指向性明确,学生发现规律、得出结论的过程很顺利,几乎没有困难,但这样的过程不能体现真实的探究过程,仅仅是指令性操作而已。

第二种:间接暗示型,即将发现规律的过程分解成几个小步骤,通过连续设问的方式引领学生探究。浙教版、青岛版教材是采用这样的方式编排的。

浙教版教材先呈现了一个关于速度与时间信息的统计表,并提出两个要求:写出积相等的算式;用120、60、2、4四个数写比例,在此基础上,说说有什么发现。两个要求先后呈现,引导学生将它们建立起联系,由此发现比例中两个外项之积等于两个内项之积。至此,该教材并没有直接出示结论,而是让学生再用15、9、10、6四个数写出比例和积相等的算式,通过举例验证,用不完全归纳的方式揭示比例的基本性质。

青岛版教材是以问题方式暗示研究的路径。首先,提出问题:在比例里,两个外项与两个内项之间有什么关系?接着以四位小朋友对话的方式呈现研究的方法与过程:分别算出两个外项与两个内项的和、差、积、商,发现两个外项的积等于两个内项的积,验证,得出结论。在这里,青岛版教材呈现了规范的验证过程,有利于培养学生严谨的数学态度。

第三种:开放摸索型,即用大问题呈现,让学生在自主探索中发现规律。北师大版、苏教版教材是采用这样的方式编排的。

北师大版教材中的大问题:写出上节课学习的几个比例,仔细观察,你会有新的发现。

苏教版教材中的大问题:观察上面的四个比例,你有什么发现?

这两个问题非常开放。这或许正应和了 2011 年版课标的理念:以生为本,自主探索。当然,这样开放的大问题也使规律的发现变得或然。不过,接下来的内容编排,两本教材还是以对话框的方式提示了规律发现的路径:呈现了积相等的算式,再引领学生写几个比例,验证发现的规律。在此基础上揭示比例的基本性质:在比例里,两个内项的积等于两个外项的积。

整体来看,五种教材的编排都比较关注学生的学习方式,也暗示了教学路径的展开:重视让学生经历知识、方法的获得过程,使学生在自主学习、主动探索的基础上,经历"提出问题—自主计算—汇报交流—初步发现—举例验证—概念总结"的猜想、验证的归纳推理过程。

> **思考**
>
> 你喜欢哪一版本教材的编排方式?为什么?你还有更好的引入方式吗?

这里还有一个小问题值得一提:北师大版教材有呈现比例中的两个外项之积等于两个内项之积这个规律,但没有提炼出"比例的基本性质"这个名称。该教材的编者认为:关键在于让学生认识规律的本质并能应用规律,并不在于名称。不过,我们认为这并不仅仅是一个名称的问题,而是作为一个约定俗成的数学事实,应该得到传承与保留。

3.2.3 习题比较

习题是教材的重要组成部分,习题的设计对于学生对知识的掌握与应用、数学素养的养成与提升有着至关重要的作用。教师对不同版本教材习题进行研究,可以进一步了解不同版本教材的编排特色,从而进行深入思考:如何在教学中更科学、合理地使用习题,改进教学,从而促进学生发展。

前文我们对同一版本不同时期教材的习题进行了研究,发现它们在习题数量、类型、素材、认知水平层次比重上都有异同,这或许是不同时期的课标要求、教学理念等的不同造成的。那么,现在本章节研究的五种教材都是在同一时期出版的,其内容编排参考的都是2011年版课标,它们的习题又会有什么异同呢?

(1)习题数量的异同

我们对这五种教材中"比例的意义和基本性质"一节的习题数量情况进行分析(见表3-7):

表3-7 "比例的意义和基本性质"一节的习题数量情况(单位:个)

数量\分类 教材年版	比例的意义习题数	比例的基本性质习题数	综合应用习题数	星号题数量	合计
浙教版	4	2	3	3	12
北师大版	3	1	3	1	8
苏教版	10	5	3	0	18
西南师大版	2	1	3	0	6
青岛版	6	1	5	1	13

从表3-7可以看出,这五种教材在习题数量上存在较大差异,苏教版教材中习题数量明显多于其他教材,这与苏教版教材例题的编排特点有关。你是否还记得前面我们提到过的苏教版教材例题编排顺序?让我们来回顾一下,苏教版教材在"比例"单元中,先介绍图形的放大与缩小,再安排图形按比缩放的操作,接着介绍比例的意义。到这里,它并没有像其他教材那样紧接着介绍比例的基本性质,而是安排了两道"练一练"与一组用于巩固图形缩放以及比例意义知识的针对性练习。然后,它又以图形缩放为素材,写出了比例式,介绍比例的各部分名称以及比例的基本性质,再安排了解比例的内容,接着又安排了一组针对性练习。这样编排,以分课时、"小步子"的

方式,让学生充分体验、感悟学习过程,逐步达成教学目标。

相比较而言,西南师大版教材的习题数量较少,基本以综合性练习为主。这也与其教材编排的特点有关。西南师大版教材在"比例"一节中用两个页面的篇幅安排了三个例题,比例的意义、比例的基本性质和应用基本性质解比例各一道例题。因为其例题编排紧凑,所以其习题编排也非常精简。

(2)习题类型的异同

我们将出现在五种教材中关于比例的意义和基本性质的习题类型进行了罗列与比较(详见表3-8),然后发现,这些教材尽管编者不同,习题数量不同,选材不同,但习题的类型有很多是类似的,不过也存在一些类型是某种教材独有的。

表3-8 习题类型情况

教材年版 \ 类型 是否存在	判断两个比是否可以组成比例,并写出比例	根据对应量写比,判断两个比是否可以组成比例,并将组成的比例写出来	根据图中信息写比,并将组成比例	判断四个数是否可以组成比例,并写比例	根据信息写不同的比例	根据比例的基本性质填数	应用比例的基本性质判断比例	比例基本性质的逆向应用	综合应用比例知识解决实际问题
浙教版	√	√		√	√	√		√	√
北师大版	√	√	√				√	√	
苏教版	√	√		√		√	√	√	
西南师大版	√		√		√	√		√	
青岛版	√	√		√				√	√

下面是五种教材共有的习题类型。

第一种:判断两个比是否可以组成比例,并写出比例。

五种教材对这一类型的习题的表述几乎一致,而且都是将这类型的习题作为本章节的第一个练习题,可见这是一道最基本的习题。通过计算每组中两个比的比值来判断两个比是否成比例,一方面能让学生巩固比例的意义的知识,另一方面能使学生明白:比值是否相等是两个比能否组成比例的前提。

第二种:根据对应量写比,判断两个比是否可以组成比例,并将组成的比例写出来。五种教材都选择了在具体的对应量中,让学生基于具体对应量的关系写比,求比值,并判断两个比能否组成比例。这种类型的习题,将比例与现实情境结合起来,能让学生感悟比例广泛存在生活中。

除了这两种类型以外,"综合应用比例知识解决实际问题"这一类型习题也值得在这里说一说。除北师大版教材外,其他四个版本的教材都在这一节中安排了应用比例知识解决实际问题的习题,目的是让学生学以致用。例如,苏教版教材有这样一道练习题:小丽调制了两杯蜂蜜水,第一杯用了25毫升蜂蜜和200毫升水,第二杯用了30毫升蜂蜜和250毫升水。按照第一杯蜂蜜水中蜂蜜与水体积的比计算,300毫升水中应加入蜂蜜多少毫升?再如,浙教版教材中以表格方式呈现的一道练习题:全场商品八折优惠,原价10元,现价8元;那么现价40元,原价多少元? 等等。解决这样的问题,可以利用比例的意义,当然也可以应用比例的基本性质。北师大版教材没有在这一节中安排关于应用比例知识解决实际问题的练习,与其编排的特点有关,该教材在接下来的编排中,有专门的一节"比例的应用"。在"比例的应用"这一节中,北师大版教材通过创设有趣的情境,以"物物交换"为主题,引导学生学习用比例的知识解决实际问题。

除了上述共有习题类型,有些教材还有一些独有的习题类型,其具体情况如下。

浙教版教材六年级下册第6页第2题:
下面哪一组中的两个比可以组成比例?
(1)10∶12 和 35∶42　　　　(2)20∶10 和 60∶20
(3)$\frac{1}{2}∶\frac{1}{3}$ 和 12∶8　　　　(4)0.6∶0.2 和 $\frac{3}{4}∶\frac{1}{4}$

>> 比例的意义教学研究

　　这是一道各版本教材都默认为最基本的习题,但与众不同的是:除了习题本身,还通过对话框的方式,呈现了解题的不同思路,为学生的学习提供了不同方法上的指导。

　　苏教版教材六年级下册第41页第4题:

　　把图A按比例缩小得到图B,按比例放大得到图C。从图中选择两组数据组成比例,并用比例的基本性质进行检验。

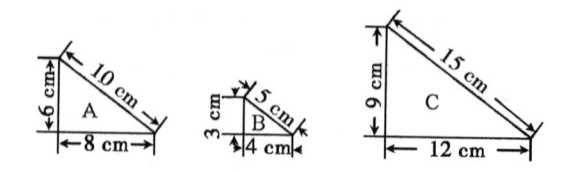

　　这一题是苏教版教材特有的习题,是编者基于本单元的编写特点,延续了以图形与几何为素材、以图形缩放为载体而设计的练习。在这一题中,通过把图A按比例缩小以及放大,分别得到图B和图C,这样三个三角形就有9个相应的数据,要求学生选择其中任意两组数据组成比例,并用比例的基本性质进行检验。这一题在知识方面,是让学生巩固所学的比例的意义和基本性质的知识,在形式上又有较大的开放性,能够培养学生多角度观察问题、思考问题的能力。

　　西南师大版教材六年级下册第42页第2题:

　　画一画,填一填。

半径(cm)	0.5	1	1.5	2		…
周长(cm)						…

　　在上表中选出几对数组成不同的比例。

　　尽管这一道习题编制的意图是强化学生对比例的意义的理解,但这种习题类型对学生来说,非常有吸引力。该题要求学生先根据提示画一画,画出不同半径的圆,再分别计算出每个圆的周长,在此基础上选出几对数据组成不同的比例。这一题将比例的知识与学生已有的圆的知识建立起联系,让学生在解题的过程中伴随着动手操作,多种感官参与学习,能充分调动学生的学习兴趣,既让学生在练习过程中强化对比例的意义的理解,也让其进一步感悟圆周长与半径之间的关系。

对数据的选择也凸显了这一题独有的价值。在编制"比例的意义和基本性质"一节中的习题的过程中,各个版本都充分考虑了习题中数据的类型,涉及整数、分数、小数,体现了数据的丰富性,但对于像 π 这样的无理数,其他版本教材中的习题中的数据没有使用。这道习题不仅变换了习题的呈现方式,还丰富了数据的类型,是一道有特色的好题。

(3)习题选材的异同

对于教材习题选材的研究,我们参照了鲍建生教授的研究。鲍教授根据 PISA(国际学生评估项目)测试的特点,将数学问题的选材背景分为四个层次,分别是:

最低层次:无任何实际背景,简称"无背景"。

第二层次:与学生个体生活经历相关的背景,简称"个人生活"。

第三层次:属于职业或者公共常识的背景,简称"公共常识"。

第四层次:以科学情境为背景,简称"科学情境"。

我们也按这样的四个层次对"比例的意义与基本性质"一节中的习题进行了分析与归类。

"无背景"层次:习题素材不涉及任何实际背景。

比如,浙教版教材六年级下册第6页第2题:

下面哪一组中的两个比可以组成比例?

(1)10∶12 和 35∶42   (2)20∶10 和 60∶20

(3)$\frac{1}{2}∶\frac{1}{3}$ 和 12∶8   (4)0.6∶0.2 和 $\frac{3}{4}∶\frac{1}{4}$

这样的练习表述清楚、目标明确,降低了学生理解题意的难度。但因为是纯数学题,每个小题之间没有联系,考查的仅仅是程序性知识的记忆,这

>> 比例的意义教学研究

类习题练习的次数多了,学生可能会对解题失去兴趣。

"个人生活"层次:习题素材以学生生活经历为背景。

比如,苏教版教材六年级下册第37页第5题、第41页第3题:

5.李梅为了布置教室墙报,剪了三张大小不同的长方形剪纸。

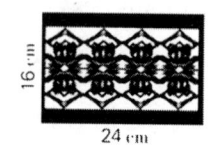

(1)写出每张长方形剪纸长与宽的比,并算出比值。

(2)选择其中的两个比组成比例。

3.学习航模组有男生18人,女生15人;美术组有男生24人,女生20人。

(1)航模组男、女生人数的比和美术组男、女生人数的比能组成比例吗?

(2)如果能组成比例,指出比例的内项和外项。

这些习题中的背景都是学生熟悉的场景:学校兴趣小组男女生人数情况、布置教室墙报等。这样的选材背景能唤起学生的共鸣,也能使学生感受到数学与生活的联系。

"公共常识"层次:这一层次的习题素材背景是指学生一般很少亲身经历的、属于某个职业领域的情境,或者属于社会公共常识。

比如,青岛版教材六年级下册第38页第1题:

(1)前 3 天加工的数量和所用时间的比是_____。

(2)后 4 天加工的数量和所用时间的比是_____。

(3)这两个比能组成比例吗?为什么?

"科学情境"层次:这一层次的习题素材背景通常是一个科学实验的过程,或者涉及一定的科学知识。

比如,北师大版教材六年级下册第 18 页第 5 题、青岛版教材六年级下册第 40 页第 15 题:

5.声音在空气中的传播情况如下表。

路程/米	340	680	1020	1360
时间/秒	1	2	3	4

请根据表中的数据写出三个不同的比例。

15.通常情况下,水比同体积的冰的质量多 10%。现有一桶水,质量是 22 千克,与这桶水同体积的冰的质量是多少千克?

这两道习题,分别以声音在空气中的传播速度、水结冰后体积的变化情况为背景,能让学生在应用比例知识解决问题的过程中,丰富科学知识。目前,我国中小学提倡的跨学科整合课程中的很多练习的习题背景都属于这一层次。

现在我们已经了解了数学问题选材背景的四个层次,那么,我们所选择的五种教材在比例这一章节中,其习题选材背景有什么差异呢?我们对此进行了梳理(详见表 3-9)。

表 3-9 五种教材各层次背景下的习题数量及占比情况

教材版本 \ 数量及比重 \ 层次	无背景	个人生活	公共常识	科学情境	总计
浙教版	7(58.3%)	4(33.3%)	1(8.3%)	0(0)	12(1)
北师大版	5(71.4%)	1(14.3%)	0(0)	1(14.1%)	7(1)
苏教版	10(55.6%)	6(33.3%)	2(11.1%)	0(0)	18(1)
西南师大版	4(66.7%)	1(16.7%)	1(16.7%)	0(0)	6(1)
青岛版	8(61.5%)	2(15.4%)	1(7.7%)	2(15.4%)	13(1)

>> 比例的意义教学研究

从上表中我们不难看出,在比例这一节内容的习题中,无论哪一种教材,不涉及实际背景的习题还是比较普遍的,无背景层次的习题数量基本占教材习题数量的一半,这是数学学科抽象性的特点所决定的。

相比较而言,以科学情境为背景的习题相对比较少,这五种教材中只有北师大版和青岛版教材对其有所涉及。北师大版教材是以声音在空气中的传播速度为选材背景设计了一道习题,青岛版教材也以此为选材背景设计了一道习题。此外,青岛版教材还以水结冰后体积的变化为选材背景设计了一道习题。

通过对习题选材的研究,我们得到的启示是:在设计习题时,编者要尽量采用丰富、多元的背景。这样不仅能让学生练习相应的知识点,更重要的是,将习题放置在一定的情境中,能培养学生综合应用比例相关知识解决各种情境中的问题的能力,学生能学以致用,感受数学与生活、社会、科学等的联系,从而更好地培养学生的数学素养。

当然,习题的背景层次与水平层次并没有很大的联系。我们来看一下苏教版教材六年级下册第36页第3题、青岛版教材教材六年级下册第39页第6题:

3.一辆汽车上午4小时行驶320千米,下午3小时行驶240千米。

(1)上午行驶的路程和时间的比是几比几?下午呢?这两个比能组成比例吗?为什么?

(2)上、下午行驶路程的比和上、下午行驶时间的比也能组成比例吗?

6.填空。

(1)用8的4个因数组成一组比例;(　　　　　)。

(2)写出比值是0.4的两个比,并组成比例:(　　　　　)。

上面两道习题中,第一题以汽车行驶的路程与时间的关系为背景,其选材背景层次为第三层次。学生可根据题目的表述,先写出上午或下午行驶的路程与时间的比,然后根据比例的意义判断两个比能否组成比例,因此这一题属于概念记忆水平。第二题的背景看起来不如第一题复杂,可以说是无背景的,但因为它没有直接提供组成比例的具体数据,需要学生综合应用之前学习的知识进行答题。学生要先思考8的因数有哪些,然后自己选择组成比例的策略,可以根据比例的意义,也可以利用比例的基本性质,尝试将四个数组成比例。相比较而言,第二题对学生思维的要求更高,可将其归入说明性水平层次。

(4)习题的水平层次的差异

你是否还记得我们在前文中关于习题水平层次的研究?我们曾提到:不同时期人教版教材都比较侧重对水平3习题的编排,水平3的习题在教材中占了相当大的比重。具体来说,不同时期的人教版教材在习题设置上,偏重水平1、水平3习题的编排,而对水平2、水平4习题的编排比较少。

那么2011年版新课标实行以来,不同版本教材的习题水平层次又是怎样的呢?我们对此进行了梳理(详见表3-10)。

表3-10 "比例的意义和基本性质"练习题认知水平比较

教材版本	题量	水平1题量及占比	水平2题量及占比	水平3题量及占比	水平4题量及占比
浙教版	12	2(16.7%)	3(25%)	4(33.3%)	3(25%)
北师大版	7	4(57.1%)	1(14.3%)	1(14.3%)	1(14.3%)
苏教版	18	8(44.4%)	5(27.8%)	3(16.7%)	2(11.1%)
西南师大版	6	1(16.7%)	1(16.7%)	3(50%)	1(16.7%)
青岛版	13	4(30.8%)	3(23.1%)	5(38.5%)	1(7.7%)

从表3-10中我们可以发现,水平3习题的比重普遍比较大,但五种教材在习题水平层次分布上相对还是比较均衡的,各个水平层次的习题都有涉及。这样的习题编排体现了新课标倡导的新理念,新课标注重让不同的学生在学习过程中都有不同的发展,同时更重视培养学生综合应用已有知识解决问题的能力,以及创新能力。

梳理、分析了不同教材习题素材的类型、背景、水平层次,我们可以得到关于教学的哪些启示呢?我们认为有如下两点:第一,在设计习题时,应尽量采用丰富、多元的背景。这样不仅能让学生练习、巩固相应的知识点,更重要的是,将习题放置在一定的情境中,能培养学生应用比例相关知识解决各种情境中的问题的能力,能让其学以致用,感受数学与生活、社会、科学等的联系。第二,在编制习题时,要基于知识点的目标合理分配各水平层次的习题。适当减少计算、概念等记忆水平的习题,同时需要编制一些综合性、探究性理解水平的习题,让学生在理解的基础上,能将比例知识应用在新的情境解决新的问题,并能综合应用已有的知识选择或创造方法解决问题,从而提升学生的数学素养。

3.2.4 中国台湾教材简介

在此,我们选择了我国台湾地区的三种教材,分别是台湾南一书局企业股份有限公司出版的小学《数学》课本第十二册(以下简称"南一版教材")、台湾翰林出版事业股份有限公司出版的小学《数学》课本六年级上学期(以下简称"翰林版教材")以及台湾"部编"教材。

◎ **南一版教材**

该教材在第五章编排了比例的内容。我们来看一下其相关情况:

(1)例题编排

南一版教材在这一章节中共编排了七个例题。例1:通过记录两位同学买砂糖的公斤数与价钱的方式,引导学生探究比值;例2:通过探究卫生纸的张数和重量的比值的方式,引出比例的意义;例3:以玩具生产的时数与个数的关系为例,先判断两个比是否成比例,再解决问题;例4:根据同一时间内竹竿高度与影子长度的关系,解决问题;例5:探究彩带长度与价钱的关系,用算式解决问题;例6:根据同一时间内物体高度与影子的关系,用算式解决问题;例7:探究小包米的数量与重量的关系,解决问题。

从例题所选择的素材中我们发现:与大陆教材用一个素材引出一个例题,随即说明比例的意义不同,南一版教材中的例题素材选择了大量的具体生活情境,在七个例题的讲解教学中,总结出比例的概念。对学生来说,这些素材在之前的学习中都曾接触过,并不陌生。该版本教材对比例概念的强调是通过学生的解题经验来总结,而非通过比例的数学定义。

(2)例题数据呈现方式

南一版教材例题中的数据呈现方式也很有特点:前四个例题都是以表

格的方式——罗列呈现数据,后三个例题则给出相关的三个量。我们来看一看这些例题(例题不完整,只呈现了其数据相关内容。说明:公斤,是公制质量单位,千克的旧称;公克,是公制质量单位,克的旧称;公尺,是公制长度单位,米的旧称;公分,是公制长度单位,厘米的旧称):

例1 砂糖公斤数和价钱的比值记录在下表里:

砂糖(公斤)	1	2	3	4	5	6
价钱(元)	25	50	75	100		
比值						

例2 卫生纸张数和重量的比值:

卫生纸(张)	10	20	30	40	50	60
重量(公克)	5	10	15	20	25	30
比值						

例3 玩具生产的时数和个数的比值:

时数(小时)	1	2	3	4	5	6
玩具数(个)	20	40	60			
比值	$\frac{1}{20}$	$\frac{1}{20}$	$\frac{1}{20}$			

例4 竹竿高度和影子长度的记录表:

竹竿高度(公尺)	1	2	3	4	5	6
影子长度(公尺)	0.5	1	1.5			

例5 彩带3公尺卖20元,买6公尺彩带要多少元?

例6 上午8点,阿光站在树旁,阿光的影子长约2公尺,树的影子长8公尺,阿光身高155公分,树的高度是几公分?

例7 2小包米重9公斤,4小包米重多少公斤?

从例题编排来看,我们可以解读南一版教材编排的意图:前四个例题,通过对数据的一一整理,让学生探究比值的关系,感悟相关联的两个量之间的关系,由此引出比例的意义;后三个例题,则重在根据比例的意义,解决问题。

(3)概念引入方式

南一版教材在例1的教学中,重点引导学生观察砂糖不同公斤数与价钱的比值。例2换一种素材,探究卫生纸张数和重量的比值,发现卫生纸的张数和重量的比值都一样,由此得到结论:像这种情形,我们可以说卫生纸的张数和重量成比例。接着让学生尝试说说生活中有哪些是成比例的。在此,教材并没有揭示严谨的比例的概念,而是以具体的素材为载体,借助具体量的对应关系来揭示比例的概念。例3提供了玩具生产的时数和个数的数据,通过对话的方式,引导学生判断两个量是否成比例,并借助画对应量的关系图,让学生进一步理解比值相等的两个量的关系。

(4)比例式

或许你会有疑虑:前四个例题的编排方式不是应该引出正比例的概念吗?不知你是否记得我们在前文所述的:比例是表示两个比之间的关系,而正比例是一种函数关系。当两个比的比值相等,即可组成比例。所谓成正比例是指有序的两组数量之间的关系,当对应的比的比值都一定时,这两个量就是成正比例的量,它们的关系成正比例关系。由于这些比的比值一定,也就是这些比都相等,当然可以写出很多的比例式。以例1中的两组数量为例,砂糖的公斤数与价钱之间的关系能组成比例 1∶25=2∶50,同理还可以写出 3∶75=4∶100 等很多个比例式。

可惜的是,这一版教材虽然安排了七个例题来教学比例的意义,以及用比例的知识解决简单的问题,但并没有出现真正意义上的比例式,都是用比值相等来描述两个量之间的对应关系。

◎翰林版教材和"部编"版教材

这两版教材都没有将比例的内容放在小学教材中,而是在六年级上册"比与比值"这一单元中介绍了比,并提到了相等的比。我们来看一下其相关情况:

(1)例题素材

翰林版教材选用了配果汁、买画纸、男女生人数等素材介绍比值和相等

3 教材研究

的比的概念。以翰林版教材六年级上册第106页的例1为例,其内容为:

冷饮店老板调制木瓜牛奶,每用2杯木瓜汁,就加1杯牛奶,这两个数量的关系用比要怎么记? 用4杯木瓜汁,要加几杯牛奶?

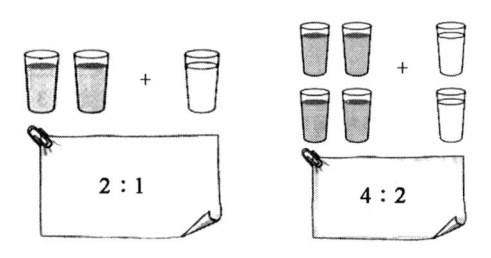

在分别写出相应的比之后,翰林版教材出示了一个关键问题:木瓜汁的杯数是牛奶杯数的几倍? 在此基础上教材给出了重点提示:

重点提示

(1)把比的前项除以后项得到的数,称为比的比值。

(2)2∶1的比值是2,4∶2的比值也是2,称这两个比相等,记为2∶1=4∶2。

在重点提示中介绍了比值的概念以及相等的比的概念。

"部编"版教材选用了男女生身高、体重、成绩,以及棒球比赛的出场数与击打数的信息、园游会中点券换公仔的信息、旧书交换活动中杂志换小说的信息等素材,介绍比、比值、相等的比等概念。

思考

你认为"相等的比"与"比例"的含义一样吗?

我们的理解是,相等的比与比例都是基于比值相等,但这是两个不同的概念:几个比的比值相等,这样的比叫作相等的比,本质还是指一个一个的比;而表示两个比相等的式子叫作比例,比例的本质是一个等式,是比值相等的两个比所组成的式子。

(2)问题类型

台湾学者认为:小学阶段的儿童比例概念发展尚未成熟,因此对等问题在其比例概念发展上至关重要。

>> 比例的意义教学研究

思考

对等问题和比例问题是同一回事吗?

区别对等问题与比例问题旨在方便沟通与突显两者的差异。比例问题可以这样表述:已知一个比较量与基准量的比,同时已知一个比较量(或基准量),求基准量(或比较量)的问题。例如:参加夏令营男生和女生人数的比是4∶3,女生有63人,男生有多少人?对等问题是指两等价的对等关系"A∶B=C∶D"中有一项是未知数的情境文字题问题,也就是一个使用语言文字来描述某个活动或情境的数学问题。而依据情境的不同,对等问题可演变为四种问题类型:组合问题、母子问题、交换问题及密度问题。其问题类型举例如下:

组合问题:一种亲子游戏,3个小孩需要2个大人来协助完成,有15个小孩将参加游戏,需要多少大人来协助?

母子问题:成衣厂里包装衬衫,每1打中有4件蓝衬衫,要包装6打需要几件蓝衬衫?

交换问题:小明想知道用几辆旧的玩具小汽车可以换3个布偶。他拿了14辆旧的玩具小汽车,换到了6个布偶。算算看,用几辆旧的玩具小汽车可以换3个布偶?

密度问题:3立方米的水重3千克,几立方米的水重10千克?

基于对等问题的分类,我们再来看翰林版教材中的几个例题(例题不完整,只呈现了其部分内容):

例1 冷饮店老板调制木瓜牛奶,每用2杯木瓜汁,就加1杯牛奶,这两个数量的关系用比要怎么记?

例2 文华买4张图画纸花了6元,文芳买10张图画纸花了15元,图画纸张数和价钱的关系用比要怎么记?

例3 六年级(2)班的男女生人数之比为5∶4,其中男生有15人。算算看,女生有几人?全班学生共有几人?

例4 父子两人今年岁数的比值为$\frac{7}{2}$,儿子今年12岁。算算看,父亲今年几岁？

例5　怎样算出 □∶6＝20∶30 中□的答案？

这里的五个例题中前两个是对等关系，其中例1是组合问题，例2是母子问题，而后三个例题是比例问题：已知一个对应的比和其中一个量，求另一个量的问题。

> **思考**
> 怎样从对等问题中引出比例式？

台湾学者认为：比例式是包含一串程序的具体活动的记录或表征符号。以 4∶6＝10∶15 教学为例，教师先呈现对等问题：文华买 4 张图画纸花了 6 元，用同样的购买方法，花 15 元可以买几张图画纸？引导学生使用比的符号来记录对等关系，然后用等号"＝"来记录两个等价的对等关系，也就是呈现类似"4∶6＝（　）∶15"这样的比例式填空题，再尝试解题活动。我们建议教师不要布置纯数学的比例式填空题让学生解题，因为学生的比例概念发展不够成熟，而这样的比例式填空题对学生而言过于抽象。

◎**教材研究启示**

虽然这三种教材呈现的内容不同，但它们有两点是值得我们借鉴的：一是它们的例题素材多样，且素材都是学生所熟悉的生活情境，这能够激活学生原有的学习经验和提高学习的积极性。二是它们都重视对相等的比概念的建立。相等的比与比例是两个不同的概念，通过让学生理解与掌握相等的比的概念，能为其建立比例概念做知识的铺垫。

3.3　其他教材介绍

在接下来的篇幅中，我们将为您介绍日本教材。通过我们的介绍，您能了解到日本教材的特色，更重要的是，能发现其教材中的精华并对其加以借鉴，从而更好地使用自己所在地区的教材。

我们在前文对国外课程标准的介绍中曾提到：2017 年 3 月，日本文部科学省颁布了最新的《小学校学习指导要领》。在该指导要领中，关于比例的知识，都是在变化与关系部分呈现的。并且，该指导要领在小学数学内容结

》 比例的意义教学研究

构和组织框架中分年级描述了比例知识的相关教学要求。其中,在五年级,要求学生了解简单的情境中的比例关系;在六年级,对比例提出了详细而明确的要求,要求学生理解比例关系的含义和性质,了解用比例关系解决问题的方法,也就是要求学生能理解比例的关系,会运用比例关系解决问题。

那么,日本教材中的例题是怎样编排的?习题编排用到了哪些素材?练习设计是怎样编排的呢?我们找到了东京书籍出版社出版的新编六年级《数学》教材,试着对其分析一二。

(1)例题编排

这一本教材将比和比例的知识安排了两个单元:第八单元教学比和比值,第十一单元教学比例。在第十一单元中有五个小节的内容:比例式、比例的性质、比例图像、比例的应用、反比例。

在"比例式"一节中,教材编排了两个例题:例1是探究底是4 cm的平行四边形的面积与高之间的关系,例2是探究高是5 cm的平行四边形的面积与底边之间的关系。在"比例的性质"一节中,教材编排了两个例题,分别就前一节中得到的平行四边形底、高、面积的数据,探究相关联的两个量之间的关系。在"比例图像"一节中,教材编排了两个例题,例1是用图像表示底是4 cm的平行四边形高与面积之间的关系,例2是用图像解决兄弟二人的行车问题。在"比例的应用"一节中,教材编排了三个例题,例1是用比例解决纸的质量问题,例2是用比例解决行驶时间问题,例3是用比例解决树高问题。

(2)内容呈现方式

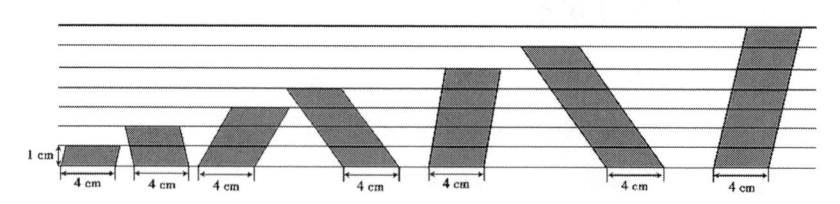

图3-13 日本教材《数学》六年级第十一单元主题图(重绘图)

在这一单元的开始,该教材用横跨两页的篇幅,呈现了一组底为4 cm、高分别为1~7 cm的大小、形状各异的平行四边形,由此作为教学素材来展开对本单元的学习。从这点来分析,该教材试图以知识的内在结构为逻辑,通过创设数学情境来激发学生的学习兴趣。

在例1的教学中,数据并不是教材直接给出的,而是让学生通过观察、分析,自己尝试完成填表,初步感悟平行四边形底不变,高的变化所引起的面积的变化。教学的素材来源于学生,这样的素材更容易引起学生的共鸣。

高さ x(cm)	1	2				
面積 y(cm²)						

图3-14　日本教材《数学》六年级第十一单元例1数据表格

教材紧接着呈现了一个男孩和一个女孩两个人物,引导学生从不同角度探究数据间的关系,进一步感悟两个量之间的关联关系。男孩观察到:x的数值乘4可以得到y的值。女孩观察到:y的值除以x的值都是4。由此说明x和y两个量是相关联的量。通过进一步的探究发现:x的值每增加1,y的值就增加4。

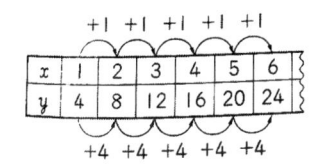

x	1	2	3	4	5	6
y	4	8	12	16	20	24

图3-15　日本教材《数学》六年级第十一单元例1规律表格

这一例题的素材来源于学生的观察、发现,其教学展开遵循了学生学习的逻辑思维发展规律。到这里,教材并没有呈现结论性的概念,仅仅是引导学生去观察,去发现。

例2是探究高是5 cm的平行四边形面积与底边之间的关系,同样采用表格的方式,呈现了男女生不同的思考方法,从而引导学生发现面积与底边之间的关联性。接着又安排了一组高是4 cm、底分别是1～6 cm的大小、形状各异的三角形,让学生自主探究三角形的高一定时,底与面积之间的关系。

(3)概念揭示方式

在例题的编排上,教材都是以表格的形式呈现数据,让学生在观察、比较中发现对应两个量之间的关联性,再通过计算得到两个量的比值为定值的结论,从而得出两个量成比例。教材在前三个小节中都没有呈现比例式,仅仅是在"比例的应用"这一小节关于树高、影高的问题中呈现了一个比例式 100∶75＝□∶150。

(4)教材研究启示

这一版日本教材的编排有三点是值得我们借鉴的:一是其习题素材贴近学生,图形面积问题是学生所熟悉的,可以激活学生原有的学习经验和提高学习的积极性。二是其编写更侧重于学生的学习,是根据学生学习进程的需要而展开编写的。三是其重视学生对比例思维的感悟,它通过大量的素材,帮助学生在解决问题过程中理解数量关系、感悟相关联的量之间的关系,为学生建立比例概念做扎实的知识铺垫。

3.4 教材研究对教学的启示

基于比例的意义对不同版本教材进行多视角、多维度的研究,我们可以发现:在不同时代背景下,同一版本的教材,因为教学理念不同、培养目标不同,其呈现的素材、方式、习题等也不尽相同;即使是在同一课标的指导下,不同地方的教材也体现了各自的地域特色,不同地区的教材有自己独特的架构,值得借鉴。教材是教师和学生进行教学活动的重要载体,前文提到的教材之间的不同,会对教学目标、教学重难点、教学设计产生重要影响。因此,教师在教学中,若能立足本地区的教材,对其进行深入研读与理解,同时兼顾其他版本教材的特色与长处,进行有机整合、选择,创造性地使用教材,会更有利于教学活动的展开,更有利于学生的学习与发展。

4 学生起点研究

几乎所有版本的教材都将比例的知识点放在小学阶段最后一学年的二学期进行教学,这正符合了比例知识的特点:应用性强,综合性强,是一种新的思维方式和数学模型,需要学生在较高知识水平层面上进行学习。比例概念是日常生活中解决问题不可或缺的一环,也是数学和自然科学学习上十分重要的基本概念。皮亚杰将比例概念视为形式运算思维能力的指标,有些学者则认为它是基础数学与较高层次数学的分水岭。因此,比例概念在国内外的数学课程中均具有重要的地位。

那么,在学习比例之前,学生对比例是否一无所知,毫无感觉呢?相信你也一定会说:肯定不是的。当然,这仅仅是凭我们的经验得出的结论。那么,学生学习比例这块知识的认知起点是在哪?需要怎么样的知识储备?学习难点在哪?为了弄清楚这些问题,我们对学生关于比例的相关认知进行了教学前测,以便更好地帮助教师进行分析与教学。

4.1 二至六年级学生前测分析

4.1.1 前测原因

我们进行这样的前测,要了解的内容有三点:
(1)在正式学习"比例"前,学生是否有相应的比例思维方式;
(2)关于比例的问题,不同年级的学生有哪些解决问题的策略;
(3)比例推理发展的一般规律是怎样的,有什么教学启示。

4.1.2 前测试题

我们在查阅资料时发现,国内外很多学者曾做过类似的前测研究,如皮亚杰、Lamon、苗丹民等。他们的研究着眼点更多,因此他们设计的实验更深入,拟制的测试题也更全面、丰富。基于我们的研究水平与能力的现状,我们就选用了饮料配比这一题作为试题,以图文结合的形式呈现,前测试题如下:

小红和小东分别用蜂蜜冲泡饮料,小红用 3 勺蜂蜜、12 勺矿泉水,小东用 5 勺蜂蜜、20 勺矿泉水。他们冲泡的饮料一样甜吗?说说你是怎么想的。(写一写,画一画)

小红:3勺蜂蜜　12勺矿泉水

小东:5勺蜂蜜　20勺矿泉水

4.1.3 测试对象与结果

这一测试进行的时间为 2018 年 11 月。

我们在浙江省宁波市鄞州区内随机选择二年级到六年级的一至两个班级,共 308 名学生,以笔试的方式进行,时间 20 分钟。

因为是在学年初的第一学期进行测查,考虑到刚上一年级的学生的心理、心智、已有知识经验都相对比较低,因此我们没有选择一年级的学生作为前测对象。

经过测试、整理、统计,308 名学生中认为小红和小东冲泡的饮料一样甜的人数分别占各年级的百分比情况见表 4-1:

表 4-1　认为饮料一样甜的学生占比情况分析

年级	二年级	三年级	四年级	五年级	六年级
百分比	58.9%	67.7%	80%	92.3%	100%

这一组数据非常有意思,与我们的经验判断不谋而合:在正式学习比例

前,学生对比例的相关问题是有感觉的。从低年级到高年级不断递增的数据来看:比例推理的发展是有过程性的。

测试的结果是有了,那么,不同年级的学生在解决饮料配比问题时是怎么想的?分别用了哪些策略?这些策略背后有哪些经验做支撑呢?从这些数据中,我们还能读出什么,以及得到什么结论呢?为了解决这些疑惑,我们对学生的解题策略、过程进行了进一步的研究与分析。

4.1.4 解题策略分析

什么是解题策略?解题策略是指探求数学问题答案时所采取的途径和方法。这里的方法是有层次性的,是对解题途径的概括性的认识,是寻找解决问题思路的指导思想。在2019年浙江省中小学教育质量综合评价监测报告中,关于"解题策略"有这样的描述:能洞察数量之间的本质联系,会进行转化与沟通,并用巧妙、简化和与众不同的方法解决问题。

那么,关于这个冲泡饮料的问题,不同年级的学生分别有哪些解决问题的策略呢?

(1)解题策略分类

除了部分学生空着未答题或者凭猜测写一个结论外,其余学生在解答这个问题时,写出了自己的思考过程。

方法1:选择小红和小东对应的一组数据进行比较。如:小东5勺蜂蜜比小红的3勺多,所以小东的饮料甜;小东20勺矿泉水比小红的12勺多,所以不一样甜。

学生答案:5−3=2(勺)小东多

20−12=8(勺)小东多

所以小东的饮料甜。

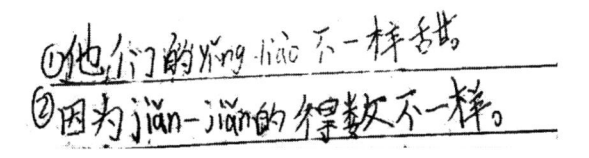

图 4-1 二年级某学生的答案

>> 比例的意义教学研究

方法2:计算蜂蜜与矿泉水的总和或相差关系,再比较。

学生答案1：小红 12－3＝9(勺),

小东 20－5＝15(勺),

所以不一样甜。

学生答案2：小红 3＋12＝15(勺),

小东 5＋20＝25(勺),

所以小东的饮料甜。

【解读与分析】

方法1和方法2都是将题目中的数据进行加减法计算,再比较结果的大小,最后做出判断。在被测的学生中,二至五年级都有学生采用这种方法,人数占学生总人数的15.58%。

运用加减策略的学生,试图将所给的信息建立联系。但这些联系仅建立在单维的、外在的基础上。所谓单维,是指学生利用与甜度有直接关系的蜂蜜的数量或者矿泉水的数量直接做出判断,而忽视其他数据。如方法1:小东有5勺蜂蜜,减小红的3勺蜂蜜等于2勺蜂蜜,所以小东的蜂蜜多,他的饮料甜;同样的,20勺矿泉水减12勺矿泉水等于8勺矿泉水,小东的矿泉水多,因此判断两人的饮料不一样甜。

方法2中的两个学生答案,表面上看,两位学生将所给的四个信息都用到了运算中,但这种运算仅仅是数据间的运算,如将每个人的蜂蜜与矿泉水的勺数相加或相减,将数据间的关系看作外在的比差关系,不涉及蜂蜜与矿泉水之间的内在混合关系。

方法3:计算蜂蜜与矿泉水的倍数关系,再比较。

① 12÷3＝4勺
  20÷5＝4勺   倍
  4＝4

图4-2 三年级某学生的答案及教师批注

【解读与分析】

在被测学生中,三、四年级中有部分学生采用方法3,人数占学生总人数的11.48%。

从测试题中可以发现:信息中的数据有着明显的倍数关系,且12是3的整数倍、20是5的整数倍。学生利用数据之间的相等倍数关系,得出小红与小东的饮料一样甜的判断。这样的推理从单维发展到了两维,也就是既考虑了蜂蜜的数量,也考虑了矿泉水的数量。虽然同样不涉及蜂蜜与矿泉水之间的内在混合关系,但从中可以看出学生已经有了数据上的关联意识。

这或许与学生的知识水平有关,三年级学生已经学习了乘除法的意义,也学习了倍的认识。他们对两个量的比较从运用比差关系的方法向运用倍数关系的方法发展,因此他们解决问题的思维更开阔。

同时我们也发现:数据的类型对学生解决问题有一定的影响,只要具备二年级所学的乘除法的相应知识,像这样12与3、20与5之间的倍数关系,很多学生是一目了然的。那么,当两个相对应的数据之间存在非整数倍关系时,如12与5、36与15,学生又会如何判断呢?这或许又可以展开一个新的研究。

方法4:转化成同样的问题,再比较。

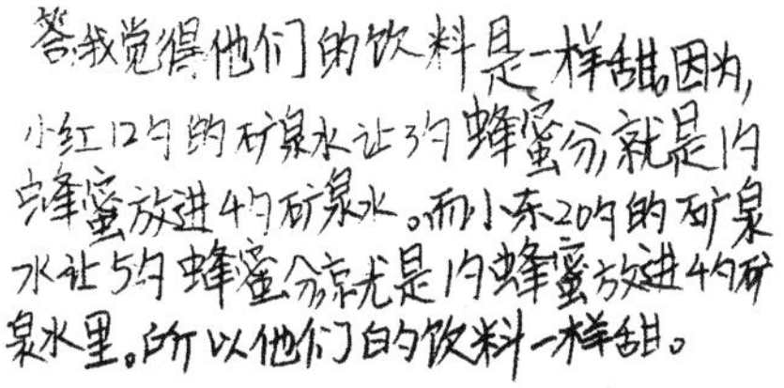

> 答我觉得他们的饮料是一样甜,因为,小红12勺的矿泉水让3勺蜂蜜分就是1勺蜂蜜放进4勺矿泉水。而小东20勺的矿泉水让5勺蜂蜜分就是1勺蜂蜜放进4勺泉水里。所以他们的饮料一样甜。

图4-3　四年级某学生的答案

【解读与分析】

学生从蜂蜜、矿泉水两个维度来解决问题,通过将原问题转化成"1勺蜂蜜放多少矿泉水"的新问题,将小红与小东的饮料配比转化成相同的结构,从而做出判断。如利用图4-5所示解题方法的学生,用文字很清晰地进行了表述:小红的饮料与小东的饮料都是1勺蜂蜜放进4勺矿泉水,因此一样甜。

与利用方法3的学生不同的是:利用方法3的学生仅仅从数据的特点展开思考,而利用方法4的学生已经对除法的意义理解得比较深刻,能从变化的信息中试图找到不变的关系,已经有了初步的、最简单的函数关系的认知。

方法5:用简单的比的知识解决问题。

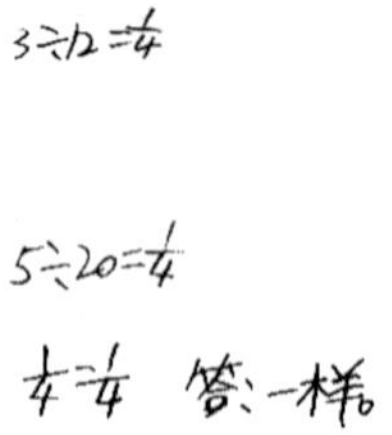

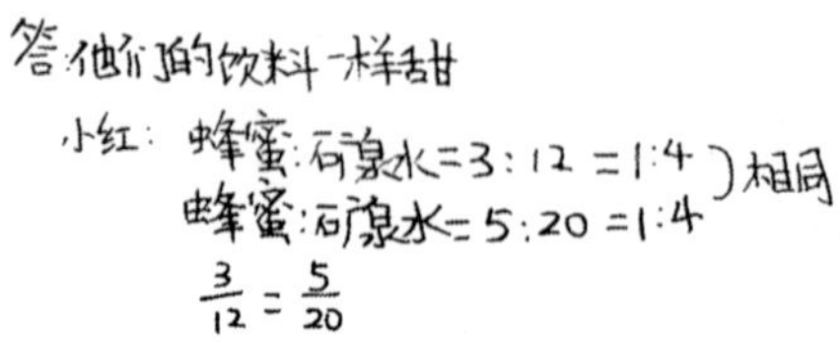

图 4-4　四年级某学生的答案　　图 4-5　五年级某学生的答案

【解读与分析】

$\frac{1}{4}$是一个倍数关系,是蜂蜜与矿泉水之间的倍数关系。当小红与小东的饮料都存在着$\frac{1}{4}$这样的倍数关系时,四年级的学生判断两人的饮料一样甜。

1∶4也是一个比,是蜂蜜与矿泉水的数量比。当两人的蜂蜜与矿泉水的数量比相等时,五年级学生判断两人的饮料一样甜。

方法5有两个特点。第一,该方法结果表征方式更丰富:学生能将蜂蜜数、矿泉水数作互反可逆性比较,从蜂蜜、矿泉水两个维度来解决问题,可以将其转化成"1勺蜂蜜放多少矿泉水"的问题,还可以将其转化成"蜂蜜占了矿泉水的几分之几"的问题,从而将小红与小东的饮料配比转化成相同的结构,进而做出判断。第二,学生已经有了初步的等比的意识,能用关系式表示两杯饮料一样甜。

方法6:用比或比例的知识解决问题。

用比和比例的知识来解决问题的学生主要集中在六年级,人数占测试总人数的15.98%。这种方法主要有两种类型。

类型1:算出小红(小东)饮料的含糖率,再进行比较。这是六年级学生普遍采用的方法,这或许与他们刚学了百分比的知识有关。

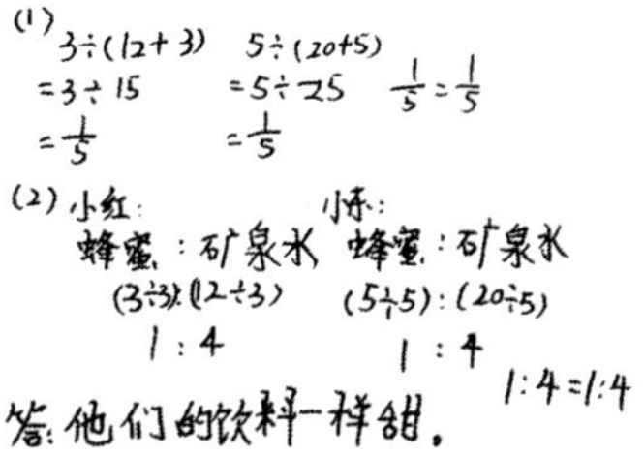

图 4-6　六年级某学生的答案

类型 2：比较两杯饮料配料的比值，用比例式来呈现。

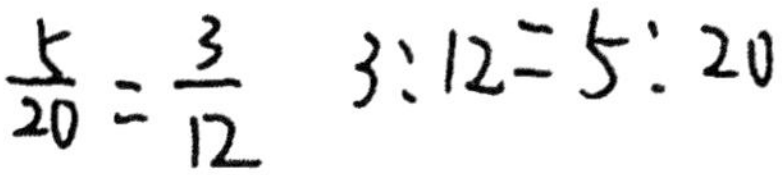

图 4-7　六年级某学生的答案

【解读与分析】

用此方法解题的学生给出了更严谨的解决问题的过程，用饮料中含蜂蜜的量来推断两杯饮料是否一样甜。

通过分析五年级和六年级学生的知识获取情况可知，学生不仅学习了乘除法，还学习了复合单位的相关知识，对"路程÷时间＝速度""总价÷数量＝单价"等数量关系有一定的了解与掌握，也理解了描述速度的单位可以用"米/时"来表示，描述单价可以用"元/千克"来表示等知识。回到这个测试题，运用方法 6 的学生能将复合单位的相关知识迁移到饮料配比问题中，从饮料含糖率的角度来推理两杯饮料是否一样甜。从这点来看，这部分学生已经能对信息进行整合并从信息的内在结构中找到相关的联系，同时还理解了比例式的含义。

上面呈现了不同年级学生不同的解决问题的方法与策略，那么这些方法与策略的水平层次一样吗？

(2) 解题策略的水平层次分析

基于学生在前测试题中解题策略的不同，我们尝试将这些解题策略进行了水平分层。

层次 1：无解题思路，即不理解题意，或是交白卷，或是凭猜测写一结论。

层次2：数据大小比较，即根据数据的大小，直接进行比较。如方法1。

层次3：单维加减运算，即运用两个或四个数据进行加减运算，建立比差关系。如方法2。

层次4：两维简单倍比，即运用数据特点计算两种量之间的倍数关系，建立整数倍函数关系。如方法3、方法4。

层次5：两维整合等比，即运用比或比例的相关知识解决问题，建立一般函数关系认知。如方法5、方法6。

对各年级解题策略水平层次的统计情况见表4-2：

表4-2 解题策略水平层次统计分析

年级	人数	层次1 人数	层次1 百分比	层次2 人数	层次2 百分比	层次3 人数	层次3 百分比	层次4 人数	层次4 百分比	层次5 人数	层次5 百分比
二	95	13	13.68%	31	32.63%	28	29.47%	23	24.21%	0	0
三	89	7	7.87%	10	11.24%	11	12.36%	58	65.17%	3	3.37%
四	43	0	0	2	4.65%	7	16.28%	33	76.74%	1	2.33%
五	41	1	2.44%	0	0	2	4.88%	28	68.29%	10	24.39%
六	40	0	0	0	0	0	0	9	22.5%	31	77.5%
合计	308	21	6.82%	43	13.96%	48	15.58%	151	49.03%	45	14.61%

从表4-2中我们可以发现：低年级学生在低水平层次的人数比重比较大，而高年级学生在高水平层次的人数比重比较大。

对此，我们尝试进行归因分析：

①策略的选择与年龄阶段特点有关。

二年级学生对呈现四个数据的信息理解起来有一定的难度，从表4-2可以看出，有13.68%的学生无从下手，只能交白卷或凭借猜测写答案而已。能尝试解决问题的，大多从单一量的比较入手，也就是蜂蜜的量和蜂蜜的量比、水的量和水的量比。

三、四年级的学生解题策略比较丰富，能基于蜂蜜和水之间的数量关系来进行比较，包括整数倍的关系、分数的关系等，更多呈现的是复合量的比较。

五、六年级的学生的解题方法更多的是任意量的比较,如蜂蜜和水的数量比较,或者水和蜂蜜的数量比较,基于运算的意义,通过数据运算解决问题,呈现一般函数关系。

②策略的选择与已有的知识基础有关。

所学的知识与这一阶段的学生采用的策略是相匹配的,所掌握的数学概念与学生本人的数学认知结构水平相适应。

低年级学生学习了100以内数的认识,采用的策略更多的是数的大小比较,因为这一阶段的学生还没学习乘除法也没接触复合量,故而其选择的策略更多的是数的大小比较与加减计算。

三、四年级的学生学习了分数、小数,也学习了速度、单价这一类的复合量,因此会关注蜂蜜和水之间的数量关系。其算法更多样,策略更多元,如蜂蜜的倍数关系、水的倍数关系、蜂蜜与水之间的倍数关系的比较等,其中蜂蜜与蜂蜜的倍数、水和水的倍数的比较依然是单一量的比较。

五、六年级的学生学习了分数的意义,尤其是六年级的学生学习了比的相关知识,其整合、推理的能力更强。

4.1.5 结论与启示

对不同年级学生进行了前测,我们可以得出怎样的结论呢?

①在正式学习比例前,学生对这一内容已经有了一定的知识基础,能借助已有的分数、比以及除法的相关知识解决类似的比例问题。

②受已有知识经验的影响,在问题解决策略方面,三至五年级学生的解题策略更丰富些,而六年级学生解决问题更规范、目标更明确。

③学生比例推理发展的一般路径:三年级以上的学生会从单维、定性的比较逐渐进入多维、定量的比较,从单结构的数量的比差关系走向多结构的函数关系的比较。

根据上述的调查、分析,我们认为:不能仅把比例看作一个知识点,它更是一种思维,是一种关联的思维。如何培养学生的这种关联思维,值得研究。

4.2 大班至二年级学生前测分析

从前面的调查分析中我们发现:低年级学生解决类似的比例推理问题,普遍采用的是单维、定性的策略,也就是利用部分相关的信息直接做出判断。那么,低年级学生真的没有一点关联思维、无法解决简单的比例问题吗?比例问题最浅层次的表现是怎样的?

4.2.1 大班学生对比例问题的理解

相信你一定和学生玩过这样的游戏:将一块方糖放进水杯里,猜一猜,哪一杯水最甜?

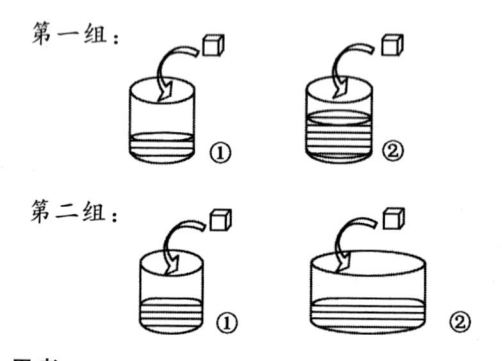

第一组:

第二组:

> **思考**
> 什么年龄阶段的学生能解决这样的问题?怎样解决?

我们在浙江省宁波市鄞州区内随机选了一所幼儿园和一所小学,对一个大班(32名学生)、一个一年级班级(40名学生)进行了测试调查。我们的调查对幼儿园的学生采用的是一一面谈的方式进行的,对一年级的学生采用的是笔试、访谈的方式进行的。调查结果如下:

表 4-3 "猜一猜,哪一杯水最甜?"测试结果统计分析

组别 \ 项目 百分比	第一组 正确(①甜)	第一组 错误(②甜)	第二组 正确(①甜)	第二组 错误(②甜)
大班组	68.72%	31.28%	42.26%	57.74%
一年级组	75.46%	24.54%	65.05%	34.95%

其实在幼儿园阶段的学生就玩过这样的游戏,虽然学生的生活经验不丰富,但他们可能在日常活动或生活实践中有类似的经验,如冲泡果汁、奶粉等。下面是我们对大班中两名学生访谈的资料:

◆**访谈大班学生 A**

师:来,我们做个小游戏,愿意吗?

A:嗯。

师:第一组中有两个同样大小的杯子,里面放了不一样多的水。现在各放进一块大小相同的方糖。想一想,哪一杯水最甜?

A:嗯,第 2 杯水甜。

师:说说为什么呀。

A:嗯……因为第 2 杯水多,所以甜。

师:好的,那我们来看看第二组的两杯水,这两个杯子不一样大,但水的高度一样。现在各放进一块大小相同的方糖。想一想,哪一杯水最甜?

A:嗯,也是第 2 杯水甜。

师:为什么呢?

A:因为,因为第 2 杯杯子胖,水多,所以甜。

◆**访谈大班学生 B**

师:来,我们做个小游戏,愿意吗?

B:老师,是什么呀?

师:看,第一组中有两个同样大小的杯子,里面放了不一样多的水。现在都放进一块大小相同的方糖。想一想,哪一杯水最甜?

B:嗯,第 1 杯水甜。

师:说说为什么呀。

B:因为水越少越甜。

师:能说得更清楚些吗?

B:(边比画手势边说)如果两杯水一样多,那就一样甜;现在第 1 杯水少,放进一样的糖,当然就甜了。如果第 1 杯水太甜,就再加水,那就和第 2 杯一样甜了。

师:好的,那我们来看看第二组的两杯水,这两个杯子不一样大,但水的高度一样。现在各放进一块大小相同的方糖。想一想,哪一杯水最甜?

B:嗯,也是第 1 杯水甜。

师:为什么呢?

B:和前面的一样,水越少越甜。

这是访谈了幼儿园大班学生后得到的两种比较典型的答案。整理好所有的访谈资料后,我们发现:有近一半的学生认为水与方糖之间的数量是呈线性关系的,也就是水越多,糖水就越甜,反之水越少,糖水就越不甜。在比较时,这些学生受到方糖和水的数量的直接影响,而忽略了这些数量的内在准确关系,因而产生了错误的回答。

4.2.2 一、二年级学生对比例问题的理解

在上一组的学生研究中,我们采用直观图的方式展现问题,通过访谈了解孩子对比例相关问题的直觉感知。尽管得到两种截然不同的答案,但其实这里已经默认了前提条件,即学生已经读懂了直观图的图意,在此基础上才进行自己的判断,但这种判断仅仅是定性的。

那么学生能进行定量判断吗?他们是怎样把自己的思考过程表现出来的呢?为了弄清楚这些,我们对一、二年级学生进行了一次调研。为了方便学生的表达,也为了我们的研究,我们将方糖与水的数量赋了值。试题如下:

这里有三个杯子,分别放入下面的水与糖。问:哪两杯水一样甜?

①号:1块方糖 2小杯水 ②号:1块方糖 3小杯水 ③号:2块方糖 4小杯水

— 思考 —
一、二年级的学生会怎样解决这样的问题?

测试结束后,我们对不同答案的四位学生进行了访谈。

4 学生起点研究

◆访谈一年级学生 C

师:小朋友,这道题你看懂了吗?

C:嗯,看懂了。

师:说说,这道题要我们做什么?

C:哪两杯水一样甜。

师:好的,你知道哪两杯水一样甜吗?

C:第1杯和第2杯。

师:为什么呀?

C:呐……你看,第1杯有1块糖,第2杯也有1块糖,所以一样甜。

师:好的,谢谢你!

【解读与分析】

这位学生是基于两杯水中都有1块方糖这个显性的条件而做出判断的,也就是在解决问题过程中,他抓住了与一样甜直接相关的糖的数量的信息,而忽略了水的数量的不同。在被测学生中,有31.6%的学生认为第1杯水和第2杯水一样甜,其中76.7%的学生给出的理由是第1杯水和第2杯水都只有1块糖,所以一样甜。

◆访谈一年级学生 D

师:小朋友,这道题你看懂了吗?

D:嗯,看懂了。

师:来,说说这道题要我们做什么。

D:有三杯水,哪两杯水一样甜。

师:好的,你知道哪两杯水一样甜吗?

D:我知道,第2杯和第3杯一样甜,因为它们都差2。

师:哦,你能说得再明白一些吗?

D:你看,第2杯有1块方糖3杯水,它们相差2,第3杯有2块方糖4杯水,它们也相差2,所以这两杯水一样甜。

师:好的,谢谢你!

>> 比例的意义教学研究

【解读与分析】

这位学生是利用比差关系做出了判断,也就是在解决问题过程中发现:第2杯水(1块方糖3小杯水)与第3杯水(2块方糖4小杯水),它们的糖的块数与小杯水的杯数在数量上都相差2。因此作出第2杯水和第3杯水一样甜的判断。在被测学生中,有20%的学生认为第2杯水和第3杯水一样甜,其中47.4%的学生给出的理由是它们的糖的块数与小杯水的杯数都相差2。

以上两种都是不成功的解题策略,是基于数的大小比较得出的判断。当然,被测学生中也有成功的解题策略,来看看下面三位学生的解题策略。

◆访谈一年级学生E

师:小朋友,这道题你看懂了吗?

E:看懂了。

师:说说,这道题要我们做什么?

E:①号杯子放1块方糖、2小杯水;②号杯子放1块方糖、3小杯水;③号杯子放2块方糖、4小杯水。问我们,哪两杯水一样甜。

师:你真棒。那说说,哪两杯水一样甜呢。

E:第1杯和第3杯。

师:你是怎么想的呢?

E:因为第1杯是1块方糖2小杯水,第3杯是2块方糖4小杯水,因为1块方糖和2小杯水就是……就是……1块方糖和2小杯水,就差1,③号是4小杯水2块方糖,所以①号和③号的一样甜。如果是②号1块方糖3小杯水就比①号淡,也比③号淡。

师:没了是吗?哦,好的。

【解读与分析】

这位学生在解决问题过程中有良好的习惯,将已知的信息用自己的语言来描述,使得信息更清楚,这是能正确解决问题的前提。从访谈中我们发现,这位学生对问题的结果有正确的直觉,但不能用正确的理由解释。同时我们也发现一个很有意思的现象,当这位学生不能用理由进行说明时,就转而用排除的方法来说明:假如第2杯和第1杯比,同样是1块方糖,但第2杯加了3小杯水,因此第2杯的口味比较淡。从这点可以看出,这位学生对结果有正确的判断。

◆**访谈一年级学生F**

师:小朋友,这道题你看懂了吗?

F:看懂了。

师:说说,这道题要我们做什么?

F:要找出哪两杯水一样甜。

师:好的,你知道哪两杯水一样甜吗?

F:第1杯和第3杯水一样甜。

师:说说你是怎么想的。

F:因为第1杯里有1块方糖2小杯水,第3杯里有2块方糖4小杯水,在第1杯里再放1块方糖2小杯水,就和第3杯一样甜了。

师:还有吗?

F:嗯,第1杯再加糖"1+1=2",再加水"2+2=4",就和第3杯一样有2块方糖、4小杯水了。

【解读与分析】

这位学生在解决问题时,用到了叠加的方法,将第1杯中的糖与水翻倍叠加,得到的糖与水与第3杯同样多,从而判断两杯水一样甜。在被测学生中有35.2%的学生采用了这种方法来思考,也许是因为题中的数据比较小,学生能凭直觉找到数据间的倍数关系。

◆**访谈二年级学生G**

师:小朋友,这道题你看懂了吗?

G:(比较自信)嗯,看懂了。

师:说说,这道题要我们做什么?

G:问我们哪两杯水一样甜。

师:好的,你知道哪两杯水一样甜吗?

G:第1杯和第3杯水一样甜。

师:说说,你是怎么想的呢?

G：因为第1杯里有1块方糖2小杯水，水是糖的2倍，第3杯里有2块方糖4小杯水，水也是糖的2倍，这两个杯子中水都是糖的2倍，所以一样甜。

师：哦，2倍？你怎么知道的？

G：老师，我来告诉你，还可以这样想：第1杯和第3杯中，2块方糖是1块方糖的2倍，4小杯水是2小杯水的2倍，所以两杯水一样甜。

【解读与分析】

这位学生是访谈对象中认知水平层次最高的，不仅能有理有据地说明理由，而且能从不同角度说理。在被测学生中有4.6%的学生能尝试从倍数关系阐述说理。

从这些学生的答案中我们发现，对于这样具有整数倍关系的数据，有些低年级的学生是能找到相等关系的。

4.2.3 结论与启示

这一测查结果与表4-2中关于二年级学生的解题策略水平层次结果分析是基本一致的，低年级学生在判断类似的简单比例问题时，首选的方法是直接比较，然后是利用加减运算进行比差，最后做出判断。

我们也发现：当情境比较简单、单一时，部分低年级学生还是能解决简单比例问题的。这就给我们的教学带来了启示：学生要了解比例的结构，先要理解乘法结构或倍数关系，也就是要有等值的观念。在低年级学生还没有学习乘法的前提下，让他们解决比例相关问题是不合适的。当然，我们可以设计有层次、有梯度的问题，让学生逐渐感悟相关联的量的变化，在此基础上积累关于比例知识的基本活动经验。

4.3 六年级学生前测分析

4.3.1 前测原因

前面已经提到几乎所有版本的教材都将比例的知识点放在六年级第二学期进行教学，所以对六年级学生进行前测是顺理成章的事。通过对六年级学生进行前测,我们可以了解到:在正式学习比例这个概念前,他们是否听说过比例?在他们心目中,比例与比有什么关系?他们是怎样理解两个比相等的:比值相等?形式相等?数相等?他们采用比例推理的模式是怎样的?

4.3.2　前测试卷

在梳理了各个版本教材后,我们编拟了前测试卷。几经修改,我们确定前测试卷由五个小题组成,分别调查学生关于比例的认知起点、认知基础等。试卷如下:

六年级关于"比例"知识的前测试卷

亲爱的同学们:

　　在六年级的数学学习中有一个单元是"比例"。为更好地教学这块内容,我们制作了这份教学研究卷,不计分,无成绩好坏之分。请你认真答卷。谢谢你的支持!

　　　　学校_____　　姓名_____

1.你听说过比例吗?(　　　)

　A.没有

　B.听说过

　　●如果听说过,说说你是怎么知道的?(　　　　)

　　a.自己看书知道的

　　b.家长告诉我的

　　c.课外辅导班老师教过了

　　d.同学或小伙伴说过,我记住了

　　e.其他:_____(写一写)

>> 比例的意义教学研究

2.你认为比例可能与哪些知识有关？写一写，并简要说说你的理由。

3.试着用文字、画图或算式的方式，说说什么是比例。

4.有一种水笔，甲商店买3支需5元钱，乙商店买5支需7元钱。哪一家商店比较便宜？说说你是怎么想的。(写一写、画一画)

5.小红和小东分别用蜂蜜冲泡水。小红用3勺蜂蜜、12勺矿泉水，小东用5勺蜂蜜、20勺矿泉水。他们冲泡的饮料一样甜吗？说说你是怎么想的。

小红：3勺蜂蜜　12勺矿泉水

小东：5勺蜂蜜　20勺矿泉水

4.3.3 结论与启示

我们在浙江省宁波市鄞州区随机选取了三所小学,共472名六年级学生参加测试。经过整理,我们得到以下信息:

(1)92.56%的学生已经通过不同渠道听说过比例这个概念。具体情况如下:(见图4-8、图4-9)

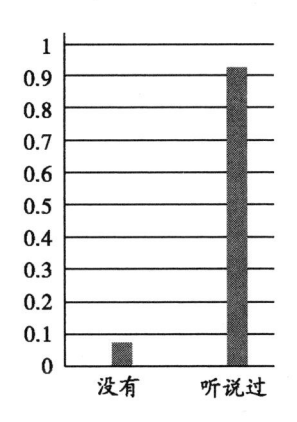

图4-8 "你听说过比例吗?"柱形图

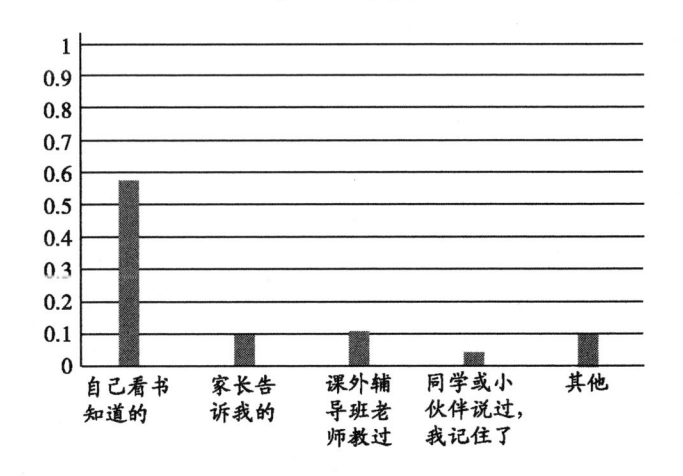

图4-9 "听说过比例的方式"柱形图

>> 比例的意义教学研究

通过这组数据,我们不仅了解到92.56%的六年级学生已经听说过比例,同时也发现58%左右的六年级学生有一定的自学能力,已先于课堂教学了解相关的知识,这是学生学习能力的体现。

(2)41.36%的学生认为比例与之前学过的比有关,因为都含有比这个字;43.8%的学生认为比例与除法、分数有关,因为比的知识与除法、分数有着密切的联系,于是他们自然地认为比例与除法、分数有关;10.74%的学生认为比例与画画、人体、金融等有关,因为他们曾经听说过比例一词,如画面比例结构、人体比例、金融比例,这些是作为一种固定名词出现的;还有4.96%的学生认为比例与正比例、反比例、比例尺有关,这部分学生已经先于学校教学,对比例的相关知识有了一定的了解。

这一组数据给了我们很多惊喜,尽管这些学生对于比例的概念不是很理解,但他们通过猜测、迁移等方法,对这一概念做了大胆的联想:比例与之前学过的除法、分数、比等有关。但这仅仅是他们的一种模糊的感知。

(3)第4、5题都要求解决实际问题,学生解答正确与否的数据见表4-4:

表4-4 第4、5题学生解答情况分析表

学校	总人数	结果正确 人数	结果正确 百分比	结果错误 人数	结果错误 百分比
学校1	170	159	93.53%	11	6.47%
学校2	110	95	86.36%	15	13.64%
学校3	192	180	93.75%	12	6.25%
总计	472	434	91.95%	38	8.05%

这两题的正确率表明:当学生遇到此类问题时,学生能用已有的除法、分数、比等知识解决。在学生解决问题的策略上,第4题相对比较单一,都是转化成求单价然后进行比较,没有学生用画图等其他方式来得出答案。学生解答第5题的方法相对来说更丰富些:有的分别算出两人冲泡的饮料的含蜂蜜率,再进行比较;有的分别算出蜂蜜与水的比值,再进行比较。

也许是这份前测试卷涉及的内容比较多,关注的点不够集中,因此其结果无法真正地说明学生的认知起点与认知基础，仅能说明学生在正式学习前对比例的概念已有所了解。但具体了解到什么程度，这份前测试卷却无法呈现。那么，能否在不同年级学生中做调查，通过了解、对比，从而梳理学生学习比例时的知识储备以及学生比例思维发展的一般规律？

5 教学设计研究

教学设计也称为教学系统设计,是运用现代学习与教学心理学、传播学、教学媒体论等相关的理论与技术,来分析教学中的问题和需要,设计解决方法,试行解决方法,评价试行结果,并在评价基础上改进设计的一个系统过程。它既具有设计的一般性质,又必须遵循教学的基本规律。一般来说,教学设计是教师基于对学生和教学任务的分析而对教学目标、教学方法、教学材料、教学进度、课程评估等做出系统设计的一门学科。同样的教学内容,设计不同,教学效果可能截然不同。教学设计的优劣决定了学生的学习状态是全神贯注还是心不在焉。

教学设计研究的起点是寻找学与教中的实际问题。在前面的研究中,我们研读课标,研读教材,研读学生,最后都要指向教学设计,并在课堂中实践,使学生获益。那么,比例的意义的教学该如何设计呢?我们认为核心问题有四个:比例的意义的内涵是什么?如何建构概念?练习应如何设计?要培养学生哪些数学思想?

本章,我们对已经发表的部分教学设计文献进行综述,并进一步研究比例的意义同课异构、比例系列教学等课的设计。

5.1 教学设计综述

比例的意义作为一节传统的概念课,对其研究过的教师当然不少。我们试图对杂志中发表的关于比例的意义的文章以及近20年收录在中国知网上关于比例的意义的教学设计进行综述,在求同存异的过程中,进一步研究比例的意义。我们收集、查阅了65篇教学设计后，发现其中大同小异的设计很多，尤其发表年代接近的教学设计，其设计的思路基本类似。在此，我们选择了部分代表性较强的教学设计，根据发表时间将它们分成2000年之前、2001~2011年间、2011年后三个时间段，进而对教学设计进行综述。

5.1.1 教学目标综述

教学目标是在认真钻研课标(大纲)、教材的基础上制定的，它决定了教学的方向，统率着教学设计的整个过程，而且教学目标本身还是评价教学质量和效果的准则。因此，教学目标在教学设计过程中起着核心作用。

"比例的意义"的课堂教学目标是什么？不同历史阶段的"比例的意义"的教学目标是否相似？哪些目标没有发生变化？哪些目标变化了？

(1) 2000年之前的教学目标

我们先来看几个2000年前关于"比例的意义"教学设计中的教学目标：

①教学要求(李希倪，1984年)：a.使学生理解比例的意义和性质。b.使学生掌握组成比例的条件，以及比例的书写形式和组成比例的四个数的名称。c.使学生学会判断两个比能否组成比例，并能正确列出比例式。

②教学目的(陈晶，1999年)：使学生理解比例的意义和基本性质，培养学生抽象、概括、分析、比较、综合的能力，并向学生渗透函数思想。

③教学目标(张凤文、沈立军，2000年)：a.使学生理解比例的意义和基本性质，认知比例的各部分名称。b.使学生掌握能组成比例的条件，能正确地判断两个比能否组成比例，并能运用比例的基本性质检验比例；c.培养学生抽象、概括、分析、比较、综合的能力。

思考

你觉得这几个教学目标有什么相同之处？

尽管"教学要求""教学目的""教学目标"(从理论上说，这三个词是有区别的，在这里我们不加以细分，统一理解为教学目标)表述的用词不同、表述的格式不同、具体程度也不同，但从这三个目标的阐述中我们可以看到：关于"比例的意义"这个内容，它们都从三个方面撰写教学目标，即学生要达成

》比例的意义教学研究

的知识技能、要掌握的能力与要具备的情感态度这三个维度的目标。这三个目标都在知识技能上要求学生理解比例的意义,都关注学生学习能力的培养。1999年陈晶老师在教学目标中提出了"向学生渗透函数思想"的目标,这在当时应该是非常前沿了。

不知你有没有发现,这三个教学目标中关于知识技能的目标都提到了"使学生理解比例的意义和基本性质",也就是将比例的基本性质的教学安排在第一课时完成,这引起了我们的兴趣。在查阅、收集到的65篇教学设计中,我们发现了很有意思的事,即2000年之前的很多教学设计都是将比例的意义与基本性质两块内容放在一个课时中完成,并且对比例的基本性质的要求是达到理解水平,因此很多教学设计都是以"比例的意义和基本性质"为题撰写的。追根溯源,我们查阅了当时的教学大纲,正如前文所述:尽管1978~2000年间频繁颁布或修订小学数学教学大纲,但1978~2000年间的教学大纲与1963年教学大纲中关于比例的教学要求几乎没有什么变化,因此一直沿用了1963年教学大纲的内容。

总体上说,这个时期的教学比较注重知识与技能目标,十分重视加强双基,培养能力,还对教师的"教"关注得比较多,这从上面的三个教学目标中也能略见一二。

(2) 2001年~2011年间的教学目标

2001年《全日制义务教育数学课程标准(实验稿)》颁布以后,教学理念、教学方式都发生了很多变化。那么"比例的意义"的教学目标会发生怎样的变化呢?让我们来看几个教学设计中的教学目标阐述:

①教学目标(李增道,2004年):a.使学生掌握比例的意义,认识比例各部分名称,初步了解比和比例的区别。b.使学生掌握比例的基本性质,能正确判断两个比能否组成比例。c.培养学生自主学习、观察、比较和概括的能力。

②教学目标(徐海芳、施长官,2007年):a.理解和掌握比例的意义,认识比例各部分的名称,初步了解比和比例的区别,理解比例的基本性质。b.使学生能根据比例的意义和基本性质,正确判断两个比是否能组成比例。c.让

学生在自主探究、观察、比较中,培养分析、比较、抽象、概括的思维能力。

③教学目标(徐雅娟、杨晓荣,2009年):a.理解和掌握比例的意义和基本性质。b.使学生能用不同的方法判断两个比能否组成比例,并能正确组成比例。c.让学生通过观察比较、自主探究,提高分析和概括能力,获得积极探索的情感体验。

> **思考**
>
> 你觉得新课程标准实施后的教学目标较2000年前的教学目标有很大变化吗?

你是不是发现,上面的三个教学目标几乎相同?如果与2000年前的三个教学目标相比较,我们不难发现2001年课程改革实施以后的三个教学目标没有太大的变化,尤其是知识技能目标,可以说是基本保持不变。虽然历经近二十年,但教学目标基本保持不变,这也是蛮有意思的事。这引起了我们的思考:新课程标准实施前后课程标准(教学大纲)对"比例的意义"教学要求不变吗?显然不是的,我们在第2.1节中已做过详细的阐述。因此,我们不得不说有些遗憾,尤其是对"比例的基本性质"教学要求的阐述,这三个目标中分别提到了"理解""掌握"等要求,但实际上在实验稿课标中,到了第三阶段也就是初中阶段才要求"了解比例的基本性质",何况实验稿课标颁布后,教材也发生了变化,如果还是将比例的意义和基本性质放在一个课时进行教学,显然不是很合适。不过我们也从这三个目标中发现了一个可喜的现象,它们在情感态度目标中加入了"自主探究"的要求。这一点也说明了新课程标准实施以后,教学目标不仅关注学生的知识技能,更关注其过程与方法、情感态度与价值观的培养,从关注教师的"教"逐渐向关注学生的"学"转移。

此外,我们也发现新课程标准实施以后,部分教师在写"比例的意义"教学目标时,有了一些变化,比如:

教学目标(吕美荣,2006年)

知识与技能:a.使学生理解比例的意义,认识比例各部分名称,初步理解比和比例的区别;理解比例的基本性质。b.让学生能根据比例的意义和基

比例的意义教学研究

本性质,正确判断两个比能否组成比例。

过程与方法:让学生通过自主探究、观察、比较,经历探究的过程,培养学生分析、比较、判断、概括的能力,发展学生的思维。

情感态度与价值观:让学生在自主学习中体验成功的快乐,进而受到"实践出真知"的辩证唯物主义观点的启蒙教育,同时培养学生勇于探索的精神与合作意识。

2001年课程改革实施以来,强调了三维教学目标,也就是将教学目标分解成知识与技能、过程与方法、情感态度与价值观三个维度。因此,有部分教师在撰写教学目标时按照这三个维度进行详细阐述,使目标更全面、更丰富,这当然是一件好事。但同时我们也发现,部分教师的教学设计仅仅将目标做了一种形式上的变化,其与之前的教学目标并没有实质性的区别。

(3)2011年之后的教学目标

2011年,新一轮的课程改革开启,教育部修订并颁布了《义务教育数学课程标准(2011年版)》。在这样的教育背景下,教学设计也进行了相应的修改与调整。关于"比例的意义"教学目标又会有怎样的变化呢?我们收集了部分教师的教学设计,来看看他们是怎样阐述教学目标的:

①教学目标(胡治国、陈燕虹,2013年):a.使学生在具体情境中理解比例的意义,掌握组成比例的关键条件;能应用比例的意义判断两个比能否组成比例。b.培养学生分析问题和解决问题的能力。c.通过教学培养学生学习数学的兴趣。

②教学目标(李冰雪、于靓靓,2018年):a.使学生在具体情境中经历比例的形成过程,理解比例的意义,明确比和比例之间的联系与区别,能正确判断两个比能否组成比例。b.使学生在主动参与学习活动的过程中培养分析、概括能力,发展初步的逻辑推理能力和有条理地表达思维过程的能力。c.使学生联系现实问题体会比例知识的应用,感悟数学与现实生活的联系,激发学习数学的兴趣。

5 教学设计研究

> **思考**
>
> 这两个教学目标较之前的有什么变化？你认为教学目标的阐述应从哪些维度考虑？

2011年版课标在内容设计与教学要求上都与之前的教学大纲有很大的不同。2011年版课标明确指出义务教育阶段数学课程目标分为总目标和学段目标，对此，该课标分别从知识技能、数学思想、问题解决、情感态度四个方面进行了阐述。数学课程目标包括结果性目标和过程性目标。结果性目标使用"了解""理解""掌握""应用"等术语表达，过程性目标使用"经历""体验""探索"等术语表达。

上面的两个教学目标都提到了"使学生在具体情境中经历比例的形成过程，理解比例的意义"，即在阐述目标时强调了过程性目标——在具体情境中经历形成过程，然后才阐述了结果性目标——理解比例的意义。这样的阐述体现了新课标倡导的以学生学习为本，让学习真正发生的理念，也就是说，在教学比例的意义时，先让学生经历知识的发生过程，在此基础上再让他们理解比例的意义。

与之前的教学目标不同的是，上述两个教学目标还提到了对学生问题解决能力的培养——培养学生分析问题和解决问题的能力，联系现实问题体会比例知识的应用。这正符合了2011年版课标提出的培养学生应用意识的核心价值。2011年版课标指出：要使学生初步学会从数学的角度发现问题和提出问题，综合运用数学知识解决简单的实际问题，增强应用意识，提高实践能力。通过对比例意义的学习，认识到现实生活中蕴含着大量与比例有关的问题，可以将这些现实问题抽象成数学问题，然后用学到的知识解释、解决这些问题，即培养学以致用的能力。

关于比例的教学目标，2011年版课标在第二学段"空间与图形"领域的"图形与变换""图形与位置"部分有提到。其提出的具体目标包括：能利用方格纸等形式按一定比例将简单图形放大或缩小，体会图形的相似；了解比例尺，在具体情境中，会按给定的比例进行图上距离与实际距离的换算。

>> 比例的意义教学研究

2011年版课标中对比例教学目标的阐述,也给教学新的启示与思路。我们欣喜地找到了比例的意义教学中与前面所述教学目标不一样的教学目标设计:

教学目标(叶婉贞、王正玉,2013年):a.学生在图片的放大或缩小中发现问题,激发其看书自学兴趣,认识比例。b.利用"以形解数",让学生深刻理解比例的实际意义。c.让学生借助直观图,从不同的角度列出比例式,提高思维灵活性。

这一教学目标立足于"图形与几何"领域,以形解数——旨在让学生在观察比较中发现问题,理解比例的意义。

综上所述,2011年新一轮课程改革以来,新课标的变化,使得教学理念、方式、方法都发生了变化,关于比例意义的教学目标的设计更全面、更具体,也更趋于多元化:不仅关注学生知识技能的获得,也关注学生在学习中的情感态度;不仅关注学生知识结果的获得,也关注学生在学习过程中的经历;同时,也让我们认识到比例不仅仅只是一个知识点的教学,而应作为解决问题以及进一步学习的基础。

5.1.2 教学过程分析

教学过程是为实现教学目标与任务,教师与学生所经历的复杂的认知过程。在这个过程中,影响教学效果的因素有很多,这里将根据"比例的意义"教学流程与主要知识点的展开过程加以分析。

◎ **导入方式**

课堂导入是教学中一个不可或缺的重要环节,是教学的前奏。一堂好课,往往能在短短几分钟内吸引住学生,激发学生的学习动机,充分调动学生的学习兴趣。

┌─ 思考 ───────────────────────────
│ 你觉得"比例的意义"这节课会有哪些导入方式呢?
└──────────────────────────────────

从收集到的教学设计文献来看,我们发现"比例的意义"的导入有多种不同的方式,归纳起来大体有四种,即复习导入、提问导入、激趣导入、解决问题导入。

(1) 复习导入

这种导入方式是在课一开始时,教师出示几组比,让学生求比值,或者先化简比再求比值,然后在这些比中找出比值相等的比,用线连起来,或将两个比值相等的比用等号连接。这种导入方式为揭示比例的概念做知识上的铺垫。我们来看一下,下面三位教师的教学导入。

导入1(崔林栋,1999年):

1. 学生写出几个比,其中有比值相等的比吗？同桌互相看一看,议一议。

2. 写出两个比值都是2的比,说说你是怎么想的。

3. 快速找出下列比中比值相等的比,并用等式把它们连起来。

6∶3   5∶2.5   10∶12   7∶8

导入2(张凤文、沈立军,2000年):

1. 提问:

(1) 什么是比？比的基本性质是什么？

(2) 怎样求比值？

2. (板演)求下面各比的比值。哪些比的比值相等？

12∶16 $\frac{3}{4}：1\frac{1}{8}$ 4.5∶2.7   10∶6

小结:比值相等的比是4.5∶2.7和10∶6。两个比的比值相等,这两个比就相等。在判断比相等时,还可以将两个比都化简,再判断它们是否相等。

导入3(孙霞,2009年):

师:同学们,我们已经学过了比的有关知识,说说你对比已经有了哪些了解。

学情预设:比的意义、各部分名称、基本性质、比值。

(出示练习)求下面各比的比值。

12∶18 $\frac{3}{4}：\frac{9}{8}$ 4.5∶2.7   10∶6

师:通过计算,你发现了什么？

比例的意义教学研究

学情预设:发现12∶18和$\frac{3}{4}∶\frac{9}{8}$,两个比的比值相等,以及4.5∶2.7和10∶6两个比的比值相等。

教师根据学生的回答,将比值相等的两个比用等号连起来。

虽然上述三个导入在时间跨度上相差十年之久,但我们发现它们都是从复习、回顾比的知识导入的,这说明复习导入在不同的时代都非常受教师们的青睐。复习导入明确了知识的生长点,关注了知识之间的内在联系,从数学逻辑结构的维度去设计教学。我们知道,比例的意义是基于学生学习了比的相关知识后进行教学的,知识基础涉及比的意义、比的各部分名称及求比值。这种导入的优点就在于用较短的时间建立了比例与比新旧知识之间的联系,促进了知识的迁移,有助于学生理解比例的意义;这种导入的缺点是,其是从教师的角度去设计教学的,仅是单向的通过教师对教材的教学达成教学目标,课堂上缺少学生的积极主动探索。

(2)提问导入

这种导入方式开门见山,直奔主题,教师一开始就揭示课题——比例,然后提问:看到这个课题,你想知道哪些内容? 要求学生围绕着比例,提出一些想要研究的问题或想要知道的问题。我们来看一下下面两位教师的教学导入。

导入1(衡锋,2007年):

师:今天,我们来研究比例的有关知识。(板书:比例)

师:看到这个课题,你想知道哪些内容?

导入2(张莉萍,2010年):

师:有关比的知识你知道哪些呢?(投影出示课题:比例的意义和性质)

师:看了这个课题,你都想知道些什么?

让学生提出问题是新课程十分倡导的教学理念,培养学生提出问题的能力是数学课程标准实施的重要目标之一。这样的导入,结合了学生好奇、好问、好表现的年龄特点。让学生看着课题提问题,自定学习目标,教师以此展开教学,有利于培养学生的问题意识,凸显了学生是学习主人的理念。

根据课题,学生可能会提出许多问题,如什么叫比例?比例与比有什么联系?比例的各部分名称叫什么?怎样求比例?比例的性质什么?比例能解决生活中的什么问题?等等。教师可以将这些问题进行分类,并明确本节课的重点内容。其实我们应该清楚地意识到学生在学习新知识前并不是对新知识一无所知的,这样的导入能较好地了解学生的学情,也能帮助学生整体了解比例的相关知识,清楚这节课的内容与之前所学内容的联系。

(3)激趣导入

这种导入方式利用学生感兴趣的内容,通过创设情境,用观察、比较等手段激起学生的求知欲望。我们来看一下,下面两位教师的教学导入。

导入1(徐海芳、施长官,2007年):

出示习题:如果$5a=3b$,那么,$\frac{a}{b}=\frac{(\quad)}{(\quad)}$,$\frac{b}{a}=\frac{(\quad)}{(\quad)}$。

让学生说一说解决问题的依据,并根据学生的回答板书课题,揭示这节课研究的主题。(板书:比例)

导入2(白如平,2018年):

创设情境,让学生感受比例知识。

师:同学们,你们知道吗?我们身上有很多有趣的比,如标准身材的成年人的胸围与身高的比是1∶2,脚掌的长度与身高的比通常为1∶7。当侦查员了解了这些比,就能根据罪犯脚印的长度推测出罪犯的大致身高。你想拥有这种本领吗?这种神奇的本领就是我们这节课所研究的内容——比例。(板书:比例)

古代著名教育家孔子曾说过:"知之者不如好之者,好之者不如乐之者。"生动有趣的导入能让学生有话可说,也让学生有兴趣积极参与到课堂教学中来。上述两个导入虽然都是激趣导入,但创设的情境截然不同。导入2是创设生活情境,将身体上有趣的比和现实生活中的一些问题联系起来,用形象、直观的例子激发学生学习的内驱力,同时也使学生感受到问题来源于生活,数学与现实生活紧密相连,让学生充分感知数学知识的实际价值;导入1创设的是数学情境,用数学本身的魅力吸引学生,让学生感受知识

>> 比例的意义教学研究

的重要性。它们虽然导入角度不同,但都能激发学生的学习兴趣。

(4)解决问题导入

课一开始,教师提供具体的问题情境,让学生在解决问题的过程中体会比例的应用价值。有的教师出示的是超市购买练习本的情境,如两位学生分别用不同的钱数买了数量不同的练习本数;有的教师出示的是一辆轿车用不同的时间行驶不同的路程的情境;更多的教师则是直接利用教材提供的大小不同国旗的情境。尽管它们创设的情境各不相同,但解决问题的方式基本一致,都要求根据情境中的信息,选择其中两个量写出有意义的比,并求比值,再通过观察、比较归纳出比例的意义。我们来看一下下面这位教师的教学导入。

导入(陈卫国,2014年):

用多媒体出示国旗图片(天安门升国旗仪式、校园升旗仪式、签约仪式场景中的国旗),让学生观察,激发其爱国情操。

师:三幅不同的图片,都有共同的标志——五星红旗,你们知道这些国旗的长和宽是多少吗?

学生探索,发现问题。

师:图片中国旗的大小不一,是不是国旗想做多大就做多大?这中间隐含着什么共同点呢?同学们不妨自主观察、讨论或计算一下,看看你有什么发现。

教师呈现的这些丰富、鲜活的题材,使问题解决更具现实性,也使导入更自然,突出了数学与生活的密切联系。学生在解决问题的过程中能激活旧知识,他们主动地将新旧知识进行比较、发现与归纳,既有利于拓宽思考空间,又能够实现对新旧知识的主动建构。在学生学习了比例的概念后,教师又安排了一些与实际生活相关联的问题,让学生在实际运用中理解概念的内涵,这体现了"现实生活问题—抽象成数学模型—再次解决现实问题"的教学过程,也体现了"具体—抽象—具体"的认知过程。

除了上面的导入方式,还有一部分导入是通过图形的缩放来开展教学的。首先,教师呈现一张较小的图片,要求学生想象放大后的图片;然后,教师利用现代教育技术手段,通过动态演示,先后呈现不成比例放大和成比例放大后的图片,引发学生思考:为什么把同一张图片放大,有的会变形,有的不会?怎样才能不变形?最后,引出比例的意义。我们来看一下下面这位教师的教学导入。

导入(胡治国、陈燕虹,2013年):

师:小小的游戏中蕴藏着很多数学知识,只要你善于发现,多思考,就会有所收获。请看,生活中的照片。(课件逐次出示四幅教师的生活照片)

生1:变形了。

生2:不好看。

生3:第4张正常。

师:正常是什么意思?

生3:没有变形,好看。

师:很好,照片为什么没有变形,是因为照片是"按比例"放大的。这就是我们今天要学习的内容——比例。今天我们就来研究它。(板书:比例)

这种导入方式是利用数形结合的思想,让学生学习比例的意义。借助生活中的问题激发学生的思考,利用图形中的比例帮助学生理解比例的生活原型及实际意义,借助按比例放大、缩小及比例失调的不同情况加深学生对比例意义的理解。比例的意义属于"数与代数"领域的内容,而图形的缩放属于"图形与几何"领域的内容,将两者结合起来教学,既能赋予比例丰富的现实意义,使纯数学的概念容易被学生理解,又能让学生理解图形缩放的数学含义,也为后续学习比例尺做铺垫。这样的导入,也是颇具匠心的。

思考

上述导入方式你比较喜欢哪一种?为什么?你觉得教学导入需要体现哪些要点?

以上不同的教学导入各有自己的特点:复习导入关注新旧知识的联系;提问导入比较开放,关注学生问题意识的培养;激趣导入关注学生学习兴趣的激发;解决问题导入更关注学生学以致用能力的培养。如何设计导入方式

>> 比例的意义教学研究

不仅与教学目标有关,同时也与教学过程的安排紧密相关,当然,我们更应该根据学生发展的需要、自己教学的风格以及课程的特点,合理确定课程的导入方式。

◎概念揭示方式

"比例的意义"是一节概念课,学生对于比例这个概念的获得非常重要。比例作为一个数学概念,具有抽象性,本质是一个等式,是描述两个比值相等的比之间的关系;比例作为一个学习对象,又会受学生已有认知基础、心理特征、思维水平以及教师教学方式、教学手段等的影响。那么,教师在教学中如何揭示比例这个概念呢?在收集和分析了资料后,我们发现主要有以下几种方式。

(1)教师直接告知

设计1(陈晶,1999年):

出示教材上的例题1,让学生按要求写出比。让学生判断写出的每组比是否相等。

通过上面的教学铺垫,教师总结出比例的意义,即表示两个比相等的式子叫作比例,并进一步用字母表示出比例式。

设计2(白如平,2018年):

师:多媒体上呈现了四幅不同大小的国旗,请同学们任选两面国旗,算一算它们各自长与宽的比值,然后观察结果,看看你能发现什么。

学生汇报发现,教师板书:两个比相等。

师:那我们就可以将这两个比用等号连接。(板书:2.4∶1.6=60∶40)

师:像这样表示两个比相等的式子就叫作比例。

这两个设计所使用的教材不同,教学的素材也不同,但揭示概念都是通过教师直接告知的方式进行的。这样的教学方式,是按照教材编写的流程展开的:教材编写时首先以编者陈述的方式,将比例概念的研究过程一一呈现,即先写出两个比,再比较两个比的比值是否相等,其次写出比例式,最后揭示比例的意义。教材这样编写,为教师教学提供了线索与路径。这种概念揭示方式简洁明了,直指概念的本质。但这种方式对学生的学情考虑不足,更多的是基于教师的"教",强调以讲授法为主来展开教学。

(2)师生问答揭示概念

设计(崔林栋,1999年):

出示例题:

一辆汽车第一次2小时行驶80千米,第二次5小时行驶200千米。列表如下:

时间(时)	2	5
路程(千米)	80	200

师:表中有哪两种量?

生:时间和路程。

师:分别写出这辆汽车第一、二次所行使的路程和时间的比及比值。

生:80∶2=40,200∶5=40。

师:这两个比的比值的意义相同吗?

生:都是这辆汽车的速度。

师:它们有什么关系?

生:它们相等。

师:所以,可以写成下面的等式:80∶2=200∶5 或者 $\frac{80}{2}=\frac{200}{5}$。

总结比例的意义。学生自己先概括,再同桌之间互相说,最后全班交流,得出:表示两个比相等的式子叫作比例。

虽然这个教学设计片段出现的时间比较早,但我们发现在当时的教学背景下,这个设计者的教学理念、教学手段是比较先进的。他在揭示概念的过程中,非常关注学生对知识的提炼,基于学生进行观察、比较,以及师生问答的基础上,通过个人概括、同桌互说、全班交流等环节,启发学生概括比例的意义。

(3)学生自主探究,尝试概括概念

设计(胡治国、陈燕虹,2013年):

一探:根据给出的两张照片的数据,找出它们长与宽的比,看看有什么

比例的意义教学研究

发现。

师:原来将图片按比例缩放可以找到两个比值相同的比。因为这两个比的比值相同,所以我们用等号连接起来,写成这样一个等式。(板书:5∶4＝10∶8)

二探:根据两面国旗的尺寸找出相同比值的比。

三探:在汽车模型与真车的数据中,找出比值相等的比,并写成等式。并探究汽车中任意数据(不对应量)之比,判断比值是否相等。

归纳概念。

师:你能用自己的话说说什么是比例吗?

学生互相点评,互相复述。

师:那比到底要符合什么样的条件才可以成为比例呢?看看书上是如何描述比例的。

学生自学课本,齐读比例的概念。

师:在这一概念里,你觉得关键的词是什么?

在这个教学设计片段中,教师选择了照片、国旗、汽车三种素材,学生经过三次探究,充分经历概念的建构过程。同时,教师还利用一组不对应量之比,通过反例突出概念的本质属性,即比例是表示两个比值相等的比之间的关系。这一设计让学生在比较、分析、综合、抽象、概括等活动基础上,把握比例的本质和规律。

---思考---

如果你去教学"比例的意义",你会设计怎样的概念揭示方式呢?

◎练习设计类型

课堂练习是教学设计的一个重要环节,是学生运用已学的知识去巩固、深化概念,并形成技能、发展思维的重要手段。"比例的意义"这一课,围绕教学目标,可以设计哪些练习帮助学生理解比例的意义呢?我们查阅资料后发现,很多教学设计都将"比例的意义"与"比例的基本性质"放在一个课时教学,因此针对比例意义的练习相对比较少,主要有以下几种练习形式。

练习1:(判断题)比例是由两个比组成的式子。( )

练习1单纯考查学生对概念的记忆,更多出现在新课程结束之后。学生掌握数学知识不能依赖死记硬背,而应以理解为基础,在对知识的应用中不断巩固与深化。

练习2:下面哪一组中的两个比可以组成比例?把组成的比例写出来。

(1)6∶10和9∶15　(2)20∶5和1∶4

(3)$\frac{1}{2}$∶$\frac{1}{3}$和6∶4　(4)0.6∶0.2和$\frac{3}{4}$∶$\frac{1}{4}$

练习3:根据比例的意义,判断下面哪一个比能与$\frac{1}{5}$∶4组成比例。

(1)5∶4　(2)20∶1　(3)1∶20　(4)5∶$\frac{1}{4}$

练习4:写出两个比值是2的比,并组成比例。

练习5:学生独立写一个比例,同桌互相检查是否可以组成比例。

练习6:给出一个比10∶5,看谁在规定时间内写出的比例最多。

练习7:判断哪四个数是成比例的数。

(1)4、5、12和15　(2)1.6、6.4、2和$\frac{1}{2}$　(3)3、$\frac{5}{4}$、$\frac{4}{3}$和$\frac{5}{9}$

上面六个练习都是基于数与计算范畴而设计的关于比例意义的练习,也是这一课比较基本的常规性练习。

练习8:(填空题)一辆汽车上午4小时行驶了200千米,下午3小时行驶了150千米。

(1)上午行驶的路程和时间的比是( ),比值是( );下午行驶的路程和时间的比是( ),比值是( )。这两个比组成的比例是( )。

(2)上午和下午行驶路程的比是( ),比值是( );上午和下午行驶时间的比是( ),比值是( )。这两个比组成的比例是( )。

练习9:两个具有放大关系的三角形中的四个数据可以组成多少个

比例的意义教学研究

比例？

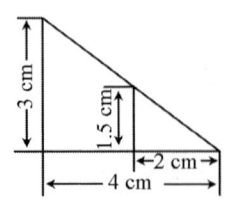

练习10：小明买了3本笔记本花了9元钱，李刚买了5本同样的笔记本花了15元。

你能根据题中的数据写出几组比例式吗？并说出理由。

练习11：某罪犯作案后逃离现场，只留下一个长25厘米的脚印。脚掌的长度与人体身高之比是1∶7，你能推测罪犯身高是多少厘米吗？

这四个练习有"图形与几何"领域的，也有生活中的现实问题，能帮助学生在解决问题的过程中进一步理解比例的意义。

> **思考**
>
> 还记得前文阐述过关于习题的水平层次吗？你能试着给这些习题划分水平层次吗？

◎ 比和比例的对比环节

在给学生做前测测查时，我们发现：41.36%的学生认为"比例"与之前学过的"比"有关。确实，"比"是教学"比例"之前学习过的概念，这两个概念有联系又有区别，不要说学生，甚至成人有时也会产生错用概念的现象，如我们经常听到的"按比例分配"，其实用"按比分配"来表述更合适。既然"比"和"比例"这两个概念这么容易混淆，那么，在教学中需要设计对比环节帮助学生正确区分吗？我们查阅资料后发现，有近一半的教学设计中是有这个对比环节的。

设计1（翟裕康，1982年）：

教师讲解比例各部分名称，引导学生比较"比"与"比例"的不同之处。

设计2（陈晶，1999年）：

了解比和比例的联系和区别。这部分内容可启发学生进行比较、讨论、总结,最终使学生明确"比表示两数相除,有两项,也就是表示两个数量之间的关系;比例则是一个等式,是由两个相等的比组成的等式,有四项,也就是表示四个数量之间的关系"。通过比较,可使学生分析、综合和概括的能力得到进一步发展和提高。

设计3(衡锋,2007年):

比和比例的关系。教师提问:"通过刚才的学习,你觉得比和比例有什么区别?有什么联系?"在学生充分交流的基础上,教师小结:"比和比例的意义不同,比例中有两个比,有四个数;比是一个比,有两个数。两个比值相等的比能组成比例。"

尽管这些教师在不同教学理念、教学目标下采用的教学方式不同,有教师直接讲解的、有师生交流讨论的,但他们都关注了比和比例概念的区别与联系,由此明确:比例首先是等式,是表示两个比相等的式子。让学生理解这个层次关系是让他们掌握比例的意义的关键。应让学生通过比较、发现、判断、概括,在练习中进一步理解比例的意义。

在数学中,有许多概念是相互联系的。有些概念含义接近,但本质属性又有区别,除了这里提到的比和比例,还有化简比与求比值,数与数字,数位与位数,奇数与质数,偶数与合数,时间与时刻,质数质因数与互质数,周长与面积,等等。对这类概念,学生常常容易混淆,教师在教学过程中须及时把它们加以比较,厘清它们之间的联系和区别,以避免互相干扰,从而在学生的头脑中形成正确的概念体系。

5.2 同课异构研究

所谓"同课异构",是指对同一课题、同一教学内容,同一教师或不同教师根据自己的实际情况、已有经验,采取不同的课堂教学结构来教学。在"比例的意义"教学设计综述研究之后,我们基于之前的上位知识、课程标准、教材研究、学生研究等,对"比例的意义"这节课进行了重新梳理与重构。对"比例的意义"进行同课异构,就是每一个教学设计的内容都是"比例的意义",但教学目标不同,采用的教学环节也不同;或者教学目标相同,采用不

> 比例的意义教学研究

同的教学结构。研究"比例的意义"同课异构并不是为了对比孰优孰劣,而是为了提供多种研究的路径与方法,探索"比例的意义"不同教学价值的渠道,这是一件十分有意思的事。

"比例的意义"这节课主要的教学目标是理解比例的意义。为帮助学生达成学习目标,我们可以有不同的教学途径:立足教材建构意义;基于经验理解关系;关注能力,学生自学并提问;渗透函数思想,感知变化;欣赏美学,丰富体验;等等。不同的教学途径可以形成不同的教学设计。我们很难说每一种教学设计之间没有联系,其实各种教学设计中有重叠之处,我们试图让每一种设计突出某一方面的教学价值、追求某一方面的教学目标。通过设计不同的教学路径,构建多元的教学体系,也许这正是同课异构的价值。

5.2.1 基于教材设计教学

数学教材为学生的数学学习活动提供了学习主题、基本线索和知识结构,是实现数学课程目标、实施数学教学的重要资源。"比例的意义"这一课,无论哪一版本的教材在编写过程中都不是单纯地进行知识介绍,而是选择了合适的素材,设计了必要的数学活动,让学生在观察、实验、猜测、推理等过程中,感悟比例的意义。以人教版教材为例,教材创设了一组真实的情境:天安门广场的国旗、学校操场的国旗和教室里的国旗。这三个情境贴近学生的生活经验,可以引发学生联想:三种国旗虽然大小不同,但形状完全相同,是否存在一定的关系?紧接着教材通过提问的方式,让学生计算每一面国旗的长与宽的比值,从而发现它们之间的关系,在此基础上,教材再揭示比例的意义,同时让学生利用比例的概念,找出情境中的其他比例,拓展思维,加深学生对比例的意义的理解。教材这样编写,为教学提供了很好的教学路径。那么,立足教材,我们该如何设计教学呢?

【教学过程】

(1)创设情境,提出问题

师:我们经常在不同场合看到国旗。请看大屏幕(多媒体呈现天安门广场上的国旗、学校操场上的国旗、教室里的国旗)。你有没有发现,虽然这三面国旗的大小不同,但它们的形状是完全相同的。这里面一定有秘密。今

5 教学设计研究

天我们就一起来探究国旗中的秘密。

师：如果从数学的角度看，我们可以用什么来说明它们形状相同？

多媒体呈现三面国旗的尺寸。天安门广场的国旗：长 5 m，宽 $\frac{10}{3}$ m。学校操场上的国旗：长 2.4 m，宽 1.6 m。教室里的国旗：长 60 cm，宽 40 cm。

师：说说，你得到了哪些信息？

(2) 自主计算，建构意义

师：请分别写出操场上和教室里的两面国旗长和宽的比，并计算出比值是多少。

学生独立完成，并板演。

操场上的国旗：$2.4：1.6=\frac{3}{2}$

教室里的国旗：$60：40=\frac{3}{2}$

师：观察这两个比，你有什么发现？

生：这两个比的比值相等。

师：两个比的比值相等，我们说这两个比相等，可以用等号连接。（板书：2.4：1.6＝60：40）

(3) 举例验证，揭示概念

师：那么天安门广场上的国旗与另外两面国旗的长和宽的比值是不是也有这样的关系呢？请试着写写比，算算比值。

师：说说你有什么发现。

①在师生交流后，小结：这三面国旗大小不同，但它们长与宽的比值都是相等的。

揭示概念：像这样表示两个比相等的式子叫作比例。

师：想一想，这三面国旗的尺寸中，还有哪些比也可以组成比例？先独立思考，找一找，写一写，然后在小组中交流。

②反例教学。

如果学生没有找到反例，教师可以呈现一组比：$5：\frac{10}{3}$ 与 1.6：2.4。

>> 比例的意义教学研究

师:你觉得这两个比是否相等?为什么?

师:说说你有什么发现。

师:在这些信息中找比时,要注意,只有对应的量之间的比,比值才相等,这样的两个比才能写成比例。

---思考---

你觉得学生会找到两面国旗长与长、宽与宽之间的比吗?学生还会找出哪些对应的量?会出现反例吗?如果没有出现不对应之比,教师需要呈现吗?为什么?

教材提供了丰富的素材,并基于知识的形成过程进行了结构化编排:尝试写出比并求比值—交流发现比值相等的规律—用等号表示规律—揭示比例的概念,从特殊到一般,帮助学生经历知识的形成过程,建构比例的意义。因此,我们建议教师要读懂教材,用好教材,在理解编者意图的基础上,设计出具有教材特色的教学设计。

5.2.2 基于经验设计教学

学生在学习比例的知识前对此并不是一无所知的,我们在前面的学生研究中已经发现,学生对比例有着模糊的感知,潜意识中认为比例与比有一定的关系。而且,在现实生活中,学生对图形大小的变化也是有一定感悟的,再加上学生之前已经学习过比的相关知识、方程的相关知识(这里为什么会提到方程?因为方程的本质也是等式!),都为新知识的学习做了铺垫。我们可以基于学生已有的认知经验,让学生在丰富的现实生活情境中分析、综合、比较、抽象和概括数学知识,突出对关系的理解,将生活经验提升为数学思考,从而获得对比例本质的深层次感悟和理解。那么,基于经验,我们该如何设计教学呢?

【教学目标】

a.让学生借助图片的放大、缩小,感悟"不变形"的本质,认识比例,理解比例的意义,能应用比例的意义判断两个比能否构成比例。

b.让学生通过观察、计算、讨论、比较等方式,经历"比例"的形成过程,明确比例的本质。

c.培养学生在实际生活中发现数学的能力,使其在实际生活中能感受到数学的趣味,提高学生学习数学的积极性。

【教学过程】

(1)初步感知,发现问题

出示一组照片:课件呈现教师的四幅照片。

有些同学笑,师:你为什么笑?

生:第④幅照片变形了。

师:什么叫"变形了"?

生:就是跟原来的照片不一样了。

师:前两幅你们为什么不笑?(板书:变形)

师:通过观察,大家都认为第④幅图和原图①比,出现了变形的情况,其他几幅则没有出现变形的情况。但数学研究不能仅凭肉眼,老师提供给大家这些照片长和宽的具体数据,你能通过计算来说明,和原图①相比,哪些图片没有变形,哪些变形了吗?

出示照片长宽数据:

①长25 cm
宽20 cm

②长1 dm
宽$\frac{4}{5}$dm

③长4 dm
宽3.2 dm

④长48 cm
宽60 cm

(2)独立探究,寻找关系

①学生独立探究,教师巡视,并作个别辅导。

②小组交流。

师:哪些同学发现了照片不变形的秘密?谁愿意和大家来分享一下你的发现?

生1:我用每张照片的长除以宽,算出长与宽的倍数关系,发现前面三张

>> 比例的意义教学研究

照片的长是宽的 1.25 倍,而第④号照片的长是宽的 0.8 倍,倍数不一样,所以变形了。

生2:我发现了①②③号照片长与宽的比值都是 $\frac{5}{4}$,它们都没变形,而④号照片长与宽的比值是 $\frac{4}{5}$,与前面几张照片都不同,所以变形了。

师:通过计算我们发现,如果照片的长与宽的比值不变,那么照片不会变形。我们把这样的比叫作相等的比。

师:你还能从这些信息中找到相等的比吗?再试着找一找,写一写。

(3)再次感知,引出等式

师:生活中有很多像这样比值相等的比,这种现象早就引起了人们的重视和研究。人们把比值相等的两个比用等号连起来,写成一种新的式子,如 25∶20=4∶3.2,像这样的等式,数学上称之为"比例"。(板书:比例)

师:你还能写出这样的比例吗?

①让学生尝试写几个比例,并说说,这些比例表示什么?

②概括比例的意义。

师:你能用自己的话说说什么叫作比例吗?数学上,把像这样表示两个比相等的式子叫作比例。(板书:表示两个比相等的式子叫作比例)

在教学中,这位教师立足知识的本源和发展,关注学生的基础和经验,让学生通过对图形大小变化的分析、比较、感悟,获得对比例本质深层次的感悟和理解。将"不变形"上升到比例关系的建立,是从生活经验到数学模型的过程,直观反映了数学理解从模糊到清晰、从表象到属性、从具体到抽象的发展过程。

5.2.3 基于学生自学和提问设计教学

"以生为本,以学为中心"是生本教育理念的中心,在新课程理念下,学生数学自学能力和提问意识的培养,是当前教学改革的目标之一,更是学生终身学习的必备能力。基于学生自学和提问的学习方式,是一种通过自学、思考、提问、合作解决问题,最终学会如何去学习的一种方式。这种学习方式可以加强学生在批判性思维、自学及问题解决等方面的能力的培养。这种学习方式一般分为四个阶段:第一阶段,自学、提出问题;第二阶段,分小组讨论,分类整理与问题有关的先前所学的知识,确定问题的性质,形成初步想法;第三阶段,全班交流、展示,并讨论:哪些问题已经明确?哪些问题不明白?第四阶段,回顾梳理,解决这些问题需要哪些资源与材料?去哪里寻找?如何解决?并在梳理过程中进一步发现问题、提出问题。在这样的过程中,教师的作用是引导、探询和支持学生,并不是教授或者提供简易的答案。那么,基于学生自学并提问的角度该如何来设计"比例的意义"的教学呢?

【教学过程】

(1)自学教材,尝试提问

①上课开始,教师要求学生独立学习课本,了解教材中的主要知识点以及概念的形成过程。学生边看书边认真思考,试着提出问题。这里的问题分成两类:一类是自己知道答案、想考考同桌的问题,比如"什么叫比例?"这样通过自学课本可以知道答案的问题;另一类是自己看书后还是不知道答案的问题,需要请教同学或教师。要求学生在认真自学的基础上,提出问题,记录问题。

②学生按照要求自学,教师巡视,并为有困难的学生提供相应的帮助。

(2)小组交流,整理问题

在学生自学后,教师让学生在 4 人小组中交流,相互提问,回答问题,并把问题进行整理和汇总,看看哪些问题已经解决,哪些问题还无法解决。

(3)全班展示,明晰问题

以小组汇报的形式进行全班交流,在交流中明确:我们已经知道了什么,还有哪些问题需要请教大家。

在全班交流、汇报的过程中,要引导学生认真倾听、积极思考,并进行进一步的交流与讨论。教师在这个过程中要做好组织引导工作,引领学生学会学习,理解比例的意义,并在追问中引出好问题。

(4)回顾梳理,延伸问题

>> 比例的意义教学研究

①请学生安安静静地回顾与梳理：想一想、写一写，这节课我们学了哪些知识？我们是怎么学习的？有哪些收获？还有什么问题？

②在此基础上总结全课，不仅要总结知识点，还要梳理学习方法。

---思考---

你觉得让学生自学教材并让学生提出问题，学生会提出问题吗？可能会提出哪些问题？

学会自学是一个循序渐进的过程，除了放手让学生自己阅读课本、自己尝试提问，我们还可以通过设计学习单的方式引导学生逐渐学会自学。学习单主要起导学的作用，既充分体现学生主体地位，又在学生学习过程中，引领其学习方向，使学生有理可依、有章可循，让学生学会自学。以人教版教材为例，我们可根据学生的学情提供如下相应的学习单：

a. 这节课我们要研究什么问题？

b. "比例"和之前学的"比"有什么关系？

c. 为什么我们看到的国旗大小不一样，但它们的形状是完全一样的，其中有什么奥秘？

d. 操场上和教室里的两面国旗的长和宽的比值有什么关系？

e. 任意两面国旗的长和宽的比值都有这样的关系吗？

f. 什么叫比例？

g. 比例和比有什么联系？有什么区别？

h. 三面国旗的尺寸中还有哪些比可以组成比例？

除了上面学习单中的问题，学生还可能提出以下问题：

a. 操场上和教室里的两面国旗的宽和长的比值有什么关系？

b. 任意两面国旗的宽和长的比值都有这样的关系吗？

c. 什么叫两个比相等？

d. 比值相等，两个比就相等吗？

e. 操场上和教室里的两面国旗的长和长的比值、宽和宽的比值有什么关系？

f. 任意两面国旗的长和长的比值、宽和宽的比值都有这样的关系吗？

g. 操场上国旗的长和宽的比值与教室里国旗的宽和长的比值相等吗？

h. 是不是两面国旗中任意数据组成的比都能组成比例？

i. 比例是一个怎样的式子？

j. 比例表示怎样的关系？

k. 比例有什么特点（特性）？

l. 组成比例的四个数相互交换位置，还能组成比例吗？

m. 2.4∶1.6＝60∶40 与 1.6∶2.4＝40∶60 是同一个比例吗？

n. $\frac{2.4}{1.6}=\frac{60}{40}$ 是表示两个相等的分数还是表示比例？

o. 四个数据可以组成多少个比例？

p. 单位不统一的量也能组成比例吗？

q. 除了国旗中的数据，我们还可以在哪里找到比例？

r. 如果有三个比，比值相等，这三个比组成的等式叫比例吗？

问题是促进学生主动思考、积极探究的动力。学生能提出问题，说明其在思考；能用问题考同桌，说明他（她）对知识已经有了一定的了解与掌握。在与同桌的分享、交流、讨论、争辩的过程中，学生对知识的理解会更深刻。因此，提出问题比解决问题更重要。

5.2.4 从渗透函数思想的角度设计教学

函数是描述客观世界变化规律的重要数学模型。函数思想方法是运用运动和变化的观点、集合和对应的思想去分析问题的数量关系，通过类比、联想、转化合理地构造函数，运用函数的图像和性质，使问题得以解决。函数思想的核心是事物的变量之间有一种依存关系，一个量随着另一个量的变化而变化，通过对这种变化的探究找出变量之间的对应法则，从而构建函数模型。虽然在小学中没有正式引入函数概念，但函数的思想、雏形随处可见。比例知识反映了生活和数学中最基本、最常见的数量关系和变化规律，是重要的数学模型，蕴含了基本的函数思想。那么，如何从渗透函数思想的角度来设计"比例的意义"教学呢？

比例的意义教学研究

【教学过程】

(1)创设情境,感知对应关系

师:有一组平行四边形,底边都为 5 cm。

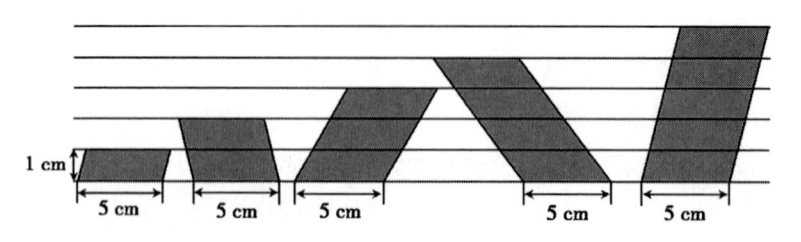

师:请认真观察,并填写下表。

面积(cm²)	5				
高（cm）	1				

(2)自主探究,发现变化规律

师:从图和表中,你有什么发现?先独立思考,想一想、算一算;然后在小组中交流你的发现。

①全班交流。

②梳理、回顾学生的发现:

a.平行四边形的面积随着高的变化而变化。

b.平行四边形的高越长,面积越大;高越短,面积越小。

c.平行四边形的面积与高的比值都是 5。

d.平行四边形的高与面积的比值是 $\frac{1}{5}$。

e.平行四边形的高每增加 1 cm,面积就增加 5 cm²。

(3)举例验证,理解比例的意义

师:每个平行四边形的面积与高之间的比值都是 5,如 5∶1=5,20∶4=5。因此,我们说任意两个平行四边形的面积与高之间的比成比例,如 5∶1=20∶4。

师:这些数据中,还有哪些比也能组成比例?写一写。

师:用自己的话说说,什么是比例?

师:下面各表中相对应的两个量的比能组成比例的是( )

A.
年龄/岁	12	14
身高/m	1.4	1.6

B.
路程/km	30	45
时间/h	2	3

C.
总价/元	100	200
衣服数量/件	5	10

D.
箱子数量/个	2	8
质量/kg	30	120

师:除了在这些数量关系中能找到比例,还能在什么地方找到比例呢?

在经历观察、比较、思考、交流的过程中,学生逐渐体会到相关联的两个量之间的相互依存、相互对应的关系,并通过学习,体会到:当一个量不变时,另一个量与结果的变化是有规律的;两个量形成比,如果比值一定,可以用等式表示,这个等式就是比例。这样的教学设计,既关注了知识的体验过程,又渗透了函数思想。

5.2.5 基于美学设计教学

人对于美好的事物总是向往的,而数学本身就很美,是一种理性的美。数学美一直是指引着数学家前进和奋斗的一盏明灯,数学美带给学生的不仅是一种享受,它对学生理性思维、思辨能力的培养,以及对学生智慧的启迪和潜在的能动性与创造力的开发都有着不可替代的作用。数学中的这种美需要教师去引导、去挖掘、去开发。在我们的现实世界中,很多地方都蕴含了"比例",奇妙的自然界无处不存在着"比例",这些都可以作为教学素材,在引领学生欣赏的同时发现规律,理解比例的意义。那么,基于欣赏美学的角度该如何设计教学呢? 在阅读所搜集的教学设计的过程中,我们欣喜地发现了刘莉教授的一篇拓展课教学设计,它精彩的设计将数学美诠释得淋漓尽致。这给了我们灵感与启示,从美学的角度探索比例的意义的教学设计,教学设计主要环节如下。

【教学过程】

(1)出示图片,让学生初步感悟美

用多媒体呈现下面三幅图:

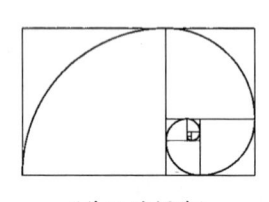

>> 比例的意义教学研究

（维纳斯雕像） （美丽的螺线） （五角星）

师：欣赏了这几张图片后，说说有什么感受。

师：这些图片中都蕴藏着一个神秘的"数"，这个"数"让我们感觉这些图片看起来非常美。今天我们就一起边欣赏边研究，探索、发现数学中的美。

（2）合作探究，尝试发现美

①出示探究要求：选择感兴趣的图片，以四人小组为单位，上讲台量一量多媒体上的图片大小，算一算。

②学生交流讨论发现，并做适当记录。

③小组汇报。要求说清：分别测量了哪些数据？计算结果怎样？

④整理汇总各小组作品。

a.研究维纳斯雕塑图片：

测量了头顶到肚脐的长度是 7.3 cm，肚脐到脚底的长度是 11.8 cm。以肚脐为分割点，上部分与下部分长度的比 7.3∶11.8≈0.618；肚脐到脚底的长度与全身身高的比 11.8∶19.1≈0.618。

b.研究螺线图片：

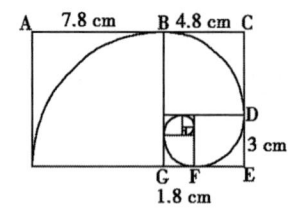

测量了图中各正方形的边长，也就是不同圆的半径的长度：$AB = 7.8$ cm，$BC = 4.8$ cm，$DE = 3$ cm，$GF = 1.8$ cm。线段 BC 的长度与线段 AB

136

的长度之比 4.8∶7.8≈0.615；线段 DE 的长度与线段 BC 的长度之比 3∶4.8=0.625；线段 GF 的长度与线段 DE 的长度之比 1.8∶3=0.6；线段 AB 的长度与线段 AC 的长度之比 7.8∶(4.8+7.8)≈0.619。

c. 研究五角星图片：

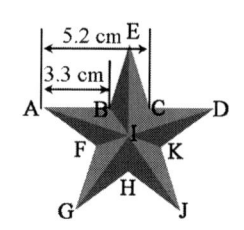

测量了五角星 AB 的长度 3.3 cm，AC 的长度 5.2 cm。线段 AB 的长度与线段 AC 的长度的比 3.3∶5.2≈0.635；线段 AC 的长度与线段 AD 的长度之比 5.2∶(3.3+5.2)≈0.612。

(3) 交流讨论，揭示内在美

① 交流发现。

师：说说有什么发现。

生1：我觉得很有意思，这些比的比值都差不多。

生2：我发现这些比的比值都在 0.6 左右。

② 介绍比例的意义。

师：这些图片看起来都非常美，其实里面蕴藏着秘密。我们从每幅图中找到了很多比，它们的比值大约都是 0.618。

师：如果两个比的比值相等，那么我们就说这两个比相等。表示两个比相等的式子叫作比例。

师：你能从五角星图中找到其他比例吗？

生：AB∶AC=AF∶AH，AC∶AD=AH∶AJ。

③ 学生尝试写出两个比例。

④ 介绍黄金比例。

如果将整体一分为二，较大部分与整体部分的比值等于较小部分与较大部分的比值，而且比值约为 0.618，那么这两个比组成的比例就是被公认为"最美"的比例,因为按此比例设计的造型十分美丽,所以被称为黄金比例。如维纳斯雕塑中,以肚脐为分割点,肚脐到脚底的长度与全身高度的比等于肚脐到头顶的长度与肚脐到脚底的长度的比,这两个比的比值约是0.618,所以这两个比组成的比例就是黄金比例,这个肚脐就是黄金分割点。

(4)举例验证,提升数学美

师:黄金比例被认为是建筑和艺术中最理想的比例,建筑师们对0.618这个数值特别偏爱,无论是古埃及的金字塔,还是巴黎的圣母院,抑或是近代建成的法国埃菲尔铁塔,都与0.618有关。人们还发现,一些名画、雕塑、摄影作品的主题,其画面比值或雕像比值大多为0.618。艺术家们认为,弦乐器的琴马放在琴弦的黄金分割点处能使琴声更加柔和甜美。

①算一算。

a.肖邦前奏曲共25小节,高潮部分出现在第17小节。你能发现这里的音乐美吗?

预设学生作品:

高潮部分与整个曲子的比:17∶25=0.68。

b.妈妈的身高是160 cm,肚脐到头顶的长度与肚脐到脚底的长度的比是0.65∶1,当她穿上多高的高跟鞋时,肚脐到头顶的长度与肚脐到脚底的长度的比的比值变为0.618?

②总结:今天研究了什么问题?有什么收获?比值是0.618的两个比能组成黄金比例,具有黄金比例的结构很美,五角星就是最好的体现。

师:有兴趣的同学可以收集一些黄金比例的信息与同学交流。

> **小链接**
>
> 毕达哥拉斯派研究了质数、递进数列,以及他们认为很美的一些比和比例关系。例如,若 p 和 q 是两个数,它们的算术平均值 A 是 $(p+q)/2$,几何平均值 G 是 $\sqrt{pq}$,而调和平均值 H($1/p$ 和 $1/q$ 的算数平均值取倒数)是 $2pq/(p+q)$。我们可看出 G 是 A 和 H 的几何平均值。$A/G=G/H$ 这个比例便叫完全比例,而 $p:(p+q)/2=2pq/(p+q):q$ 这个比例他们称之为音乐比例。

5.2.6 同课异构研究对教学的启示

追求同课异构,在教学内容基本相同的情况下不断探索新的教学目标、教学途径、教学价值,是教学创新的一条重要渠道。对"比例的意义"一课从教材、学生、教学方式、渗透思想、教学价值等不同维度进行同课异构,可以帮助我们进一步研读教材、研读学生、研读我们的课堂教学。

朱乐平老师说过,当通向数学教育目标的路只有一条时,人们无法比较路的远近。当有人提供一条新路后,人们才有了比较的机会。人们可以不认同那条新路,但对提供新路的人应该永远心怀感激之情。

我们只有不断创新,在创新中不断反思、不断比较,才能使比例的意义的教学不断向前发展。

5.3 系列课研究

系列,是指相互关联的事物或现象。以此类推,系列课,是指相互关联的课,是根据一定的价值取向和目标所确定的,用一种合理的方式组织起来的课程内容。小学数学课程内容的组织可以采取不同的方式,可以从不同的角度考虑,按照一定的线索进行安排。目前系列课基本有两种线索,一种以数学知识系统为线索组织内容,如多边形面积计算系列课、统计图认识系列课等。这一类型的系列课,考虑了数学知识的内在联系和逻辑联系。另一种根据学生的学习接受能力组织内容,如整数的认识系列课。这一类型的系列课,根据学生的学习特点,采用由浅入深、由易到难、螺旋式上升的方式编排,使一些概念和原理在课堂上重复出现。

5.3.1 认识比例的系列课

2011年版课标提出:数学活动经验的积累是提高学生数学素养的重要标志,帮助学生积累数学活动经验是数学教学的重要目标,是学生不断经历、体验各种数学活动过程的结果。数学活动经验需要在"做"的过程和"思考"的过程中积淀,是在数学学习活动过程中逐步积累的。

基于对系列课的认识以及对2011年版课标的思考,我们提出了认识比

比例的意义教学研究

例的系列课:基于学生的认知水平,从整体的角度进行设计,分阶段呈现比例的相关知识,并在知识点之间建立有效的关联,传授比和比例应用的一些基本经验,让学生在这个过程中逐渐感悟、理解比例的意义,提升用比例策略解决实际问题的能力,从而逐步积累数学活动经验,让学生更好地获得知识、形成能力、提升数学素养。

一方面,在前面对学生的研究中我们发现,不同年级的学生都有"一样甜""一样贵""一样快""一样公平"等生活经验,如何用数学的方式来表示这些相等关系?此时"比例式"的需求就体现出来了。另一方面,小学阶段很多知识内容都是分阶段、螺旋式编排的,如分数的认识,各版本教材都分两次呈现,分别安排在三年级和五年级教学,那么,比例的认识是否也可以这样编排呢?对分数的初步认识是有知识点的要求的,对比例的认识则更侧重于活动经验的累积。这是一种探索,我们在尝试。这种探索基于两点:第一,我们的目标是帮助学生积累活动经验,那么,根据我们提供的教学路径,学生能积累基本的活动经验;第二,基于知识点的角度,对比例知识的教学安排是否可以适度提前?一直以来,绝大多数教材都将其放在六年级进行教学,是否可以把其安排在小学阶段其他年级进行教学?这样做是否有价值?我们在尝试。

认识比例的系列课也可以作为相应年级的拓展课程。我们为什么会提到拓展课程?为什么会想到拓展课程?浙江省许多学校都开展了拓展课程,大家都知道拓展课程的重要性,但教师们都说找不到拓展课程的教学内容。虽然我们可以在拓展课程上安排华容道、拓扑等经典的数学游戏内容,但是,如果有一种拓展课程,既能让学生积累活动经验,又对学生的后续学习有用,这也不失为一种拓展的内容,也将是拓展的一个新维度。

基于上述的思考,我们将认识比例的系列课的教学总目标确定为:

a. 借助具体情境,使学生初步感知比和比例的意义。

b. 通过体验、表征、对比、建构,让学生经历初步认识比和比例的过程。

c. 激发学生的学习兴趣,积累基本活动经验,培养学生观察分析、数学思考、语言表达等能力。

面对年级不同、年龄特点不同与已有知识结构不同的学生,怎样确定教学目标呢?表 5-1 是我们在小学阶段中三个年级段(低年级段为一至二年级,中年级段为三至四年级,高年级段为五至六年级)拟定的认识比例系列课的教学目标。

表 5-1　认识比例系列课各年级教学目标

目标维度＼年级层次	低年级教学目标	中年级教学目标	高年级教学目标
知识技能	让学生在具体情境中感知量与量之间的变化关系,初步理解"一样"的含义	借助具体情境,使学生初步感知比和比例意义	让学生在具体情境中经历比例的形成过程,理解比例的意义
过程方法	让学生经历观察、比较、描述、分析、操作等活动,获得初步感知	让学生经历体验、表征、对比、建构等过程,构建"一样"的表征	让学生经历观察、比较、分析、概括等过程,发展其初步逻辑推理和表达能力
情感态度价值观	激发学生的学习兴趣,积累基本活动经验,培养学生观察分析、数学思考、语言表达等能力	激发学生的探索热情,积累基本活动经验,培养学生观察分析、数学思考、动作表征等能力	使学生感悟数学与现实生活的联系,激发其学习数学的兴趣

5.3.2　低年级认识比例系列课教学设计

生活中有很多组合、配置的问题,学生是有生活经验的,比如 1 件上衣与 1 件下装搭配成一套衣服、1 张桌子与 4 把椅子组成一套餐桌、用 1 勺蜂蜜和 5 勺矿泉水泡蜂蜜水……这些都可以作为低年级学生认识相关联的量的素材。从系列课的角度考虑,我们选择了冲泡饮料的情境作为贯穿系列课的主素材。一方面,它与学生的生活经验接近,能唤起学生的学习兴趣;另一方面,这个素材可以选择多元的单位,数据既可以用离散量,也可以用连续量的方式呈现,使得数据的类型更全面。

尽管低年级学生有生活经验,但生活现象与数学问题还是有质的区别。因此在设定低年级认识比例系列课的教学目标时,我们不直接提"比例"等

>> 比例的意义教学研究

概念,而是让学生通过观察、比较、操作、描述、分析等活动,感悟有关联的量之间的相互依存关系,并初步积累"一样"的活动经验。

【教学过程】

创设情境,初步感知关联

①师生谈话,揭示课题。

师:孩子们,你们喜欢喝饮料吗?今天我们一起来研究冲泡饮料中的学问。

②让学生初步感知关联。

师:我们准备用方糖和矿泉水冲泡糖水。想一想、议一议,下面每组中的两杯饮料,哪一杯比较甜?为什么?先独立思考,再与同桌讨论。

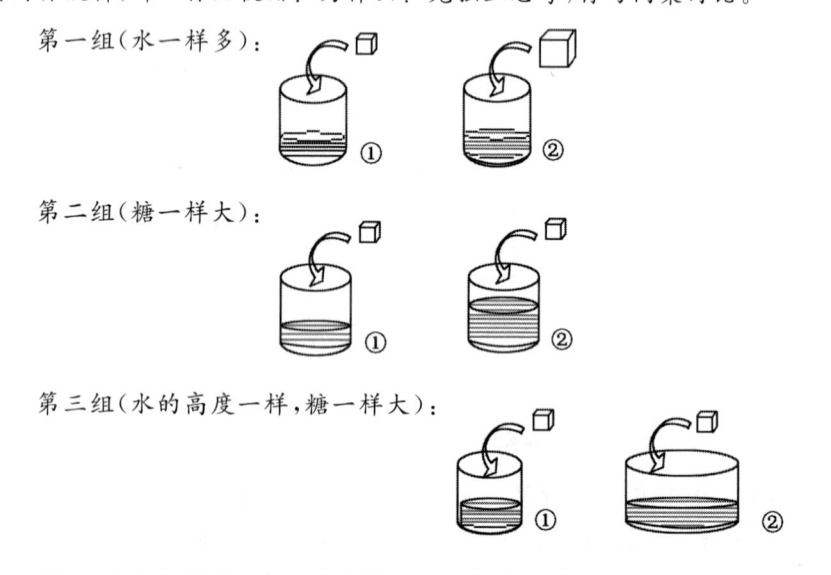

第一组(水一样多):

第二组(糖一样大):

第三组(水的高度一样,糖一样大):

师:四人小组讨论,说一说饮料甜不甜与什么有关。

③小结:饮料甜不甜,与糖的大小、水的容量都有关系。

设计意图:儿童在解决问题过程中,往往只关注一种量的变化,而忽视信息所给的其他量的变化。设计三组饮料的甜度比较,使学生通过观察、描述、分析,初步感悟饮料甜不甜,与糖、水两种量都有关系。

(2)再次比较,初步感知"一样"

师:想一想、试一试。

第一组：

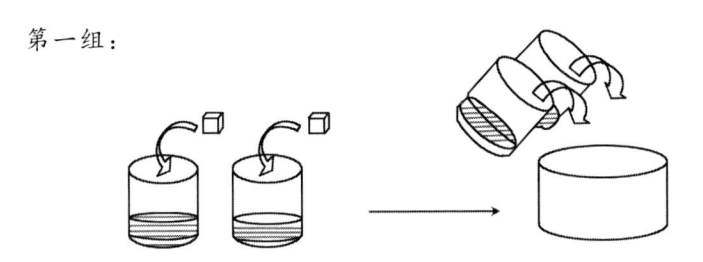

把一模一样的两杯糖水倒入一个大杯子里。大杯子的糖水和小杯子的糖水，哪一杯更甜？

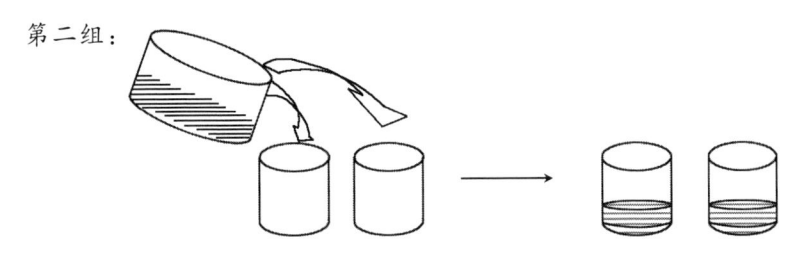

第二组：

把一个大杯子里的糖水倒入两个小杯子中。那么，两小杯里的糖水，哪一杯更甜？

师：说说你有什么新的发现。

设计意图：对低年级儿童来说，物质守恒概念并不是与生俱来的，需要有理解的过程。此环节设计了两组小练习，试图让学生通过交流、讨论，初步感知物质守恒，积累活动经验。

(3) 活动操作，加深感知"一样"

师：刚才都是两杯糖水进行比较，现在加大挑战难度。这里有三个杯子，分别放入下面的水与糖。同学们，想一想，哪两杯糖水一样甜？为什么？

①号：1块方糖 2小杯水　②号：1块方糖 3小杯水　③号：2块方糖 4小杯水

生：①号杯与③号杯是一样甜的。

师：你还能再举例说说，怎样配制，糖水也一样甜吗？说说你是怎样想的。

预设学生的回答:

生 1:方糖和水的数量都差 2 的情况下,糖水一样甜。

生 2:方糖的数量与水的数量都是 2 倍关系的情况下,糖水一样甜。

根据学生的回答,再次组织学生进行讨论、交流,得出:当糖和水的数量都是 2 倍关系,这两杯糖水一样甜。

(4)回顾梳理,总结活动经验

师:今天研究了什么问题? 有什么收获? 你是怎么得到的?

设计意图:在教学环节的前两个活动中,学生已积累了判断与"甜不甜"相关联的量的经验,但因已有知识经验和思维能力的限制,只能根据与"甜不甜"有直接关系的糖或水的多少进行定性推理。本环节的设计,通过简单的整数比知识,引导学生初步感知相关联的量之间的特殊等值关系,为比例的知识做认知上的铺垫。

5.3.3 中年级认识比例系列课教学设计

三、四年级的学生已经学习了乘除法、分数、倍等相关知识,也学习了复合量的概念,对两个量之间的关联性有了进一步的了解,也能用已有的知识解决简单的类似比例的问题,如"2 朵花 8 元钱,买这样的 6 朵花,需要多少钱?"但学生能解决通常的比例问题未必等于他(她)有比例思考的能力,解决买花的问题,学生可以利用已有的归一问题、倍比问题的经验来解决。

如何基于中年级学生的已有知识,让他们积累认识比例的活动经验呢? 我们试图以表征为抓手,让学生经历体验、表征、对比、建构等系列活动,构建"一样"的表征,将思维显性化,使学生初步感知比和比例的意义。我们设计了教学过程,并进行了实践,现将这个教学设计与反思与你们分享。

【教学过程】

(1)师生谈话、初步感悟"比"

①根据信息编题,并列式。

信息:班级合唱队有 12 名女生、6 名男生。

预设学生答案:

一共多少人?   12+6

女生比男生多多少人？　　12－6
女生是男生的多少倍？　　12÷6

师：根据两个信息，可以提出不同的数学问题并用不同的运算来解决。其中，女生与男生的倍数关系可以用除法算式"12÷6"来表示。此外，我们还可以用比"12：6"来表示。

②介绍比号及其读法。

师：那么"12：6"就表示女生人数是男生的多少倍。

③读一读，想一想：下面信息中的比表示什么？

a. 婴儿的身高与头长的比大约是4：1。

b. 成年人的身高与头长的比约是7：1。

c. 宽与长的长度比大约是0.618：1的长方形被认为是最美的长方形。

师：其实人体上以及生活中还有很多有意思的比，有兴趣的同学可以课后再去研究。

④写一写，填一填。

a. 　　　　　糖和水的比是(　　　)。

b. 　　　　　椅子数和桌子数的比是(　　　)。

c. 妈妈用20元钱买了4支花。总价和数量的比是(　　　)。

⑤小结：倍数关系可以用比表示，总价与数量之间的关系也可以用比来表示。两个数的比就表示两个数相除。

设计意图：认识"比"是学习比例的基础知识，也是学习比例前必须掌握的知识，因此在课程开始之初简短地教学比，令学生初步感悟比表示两个数相除，还是很有必要的。

比例的意义教学研究

(2)尝试探究,建构表征"关系"

①糖与水的关系。三个大杯,分别放入:1块糖,1格水;1块糖,2格水;2块糖,2格水。

师:想一想,哪两杯糖水一样甜?

生:第1杯和第3杯。

师:能用自己的方式表示第1杯和第3杯糖水一样甜吗?

引导学生用自己的方式,如文字、画图、算式等方式表示。

交流展示学生作品。请学生介绍自己的作品:预设学生用文字、图画、算式表示。

学生作品展示(此处展示的是在实际教学环节中,学生的答案):

图 5-1　学生 1 作品

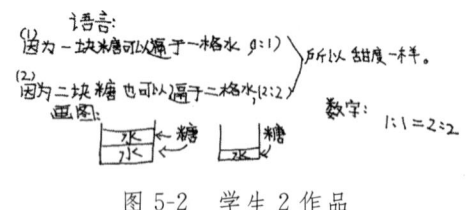

图 5-2　学生 2 作品

图 5-3　学生 3 作品

比较三种方式。

师:(预设)看来通过画图方式来表示"一样甜"的同学是比较多的,说说你为什么选用画图的方法。

5 教学设计研究

初步感知:一样甜可以用"1∶1=2∶2"这样的式子表示。

设计意图:基于学生生活经验,借助他们熟悉的配糖水活动,引导学生用自己的方式表征、解读,自主构建"一样甜"的表示方式,从而初步感悟比例的意义。我们在学生练习的过程中欣喜地发现,学生能借助画图、算式、文字等将自己的思考过程表达出来,并解决相应的问题。

②兑换方式。哪两种兑换方式一样公平?

8朵花换2颗星;12朵花换3颗星;15朵花换5颗星。

学生自主思考,引导学生用自己的方式,如文字、画图、算式等方式表示答案。

全班交流汇报答案。

a.用图表征:

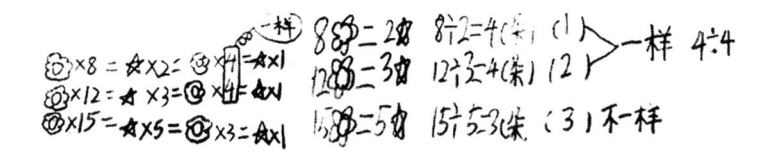

图5-4 学生汇报作品

b.用算式表征:

(a)8÷2=4 12÷3=4 4=4

(b)8÷2=4 12÷3=4 8∶2=12∶4

师:同学们很棒,能用图或算式来说明前两种兑换方式一样公平。

比较两种不同的算式表征,总结出像"8∶2=12∶4"这样的等式表达更简捷。

设计意图:这个环节是一次模仿练习,引导学生用等式表征"一样公平",丰富其对比例的感知。在各种各样的比较大小情境问题中,比例是解决问题非常有效的工具。

(3)回顾反思,形成比例概念

师:我们来梳理一下。1块糖、1杯水和2块糖、2杯水,用"1∶1=2∶2"表示这两杯水一样甜;8朵花换2颗星和12朵花换3颗星,用"8∶2=

>> 比例的意义教学研究

12∶3"表示两种兑换方式一样公平。

师:像这样"1∶1＝2∶2""8∶2＝12∶3"表示两边相等的式子叫作比例。

(4)巩固拓展,加深概念理解

①学生在下面给出的两道题中任选一题,根据要求写一写、说一说,再在四人小组中讨论。

a.妈妈买了红、黄两种颜色的花,哪种颜色的花的单价更贵?

颜色 信息	红花	黄花
总价/元	20	15
数量/朵	4	3

b.两位叔叔开车,张叔叔2小时开了160千米,李叔叔3小时开了240千米。他们的速度一样快吗?

②学生在四人小组中讨论,然后全班交流,得出结论:

a.20∶4＝15∶3　单价一样贵。

b.160∶2＝240∶3　速度一样快。

③小结梳理:

　　　　一样甜　　　　1∶1＝ 2∶2

　　　　一样公平　　　8∶2＝ 12∶3

　　　　一样贵　　　　20∶4＝15∶3

　　　　一样快　　　　160∶2＝240∶3

师:像这样"1∶1＝2∶2""8∶2＝12∶3""20∶4＝15∶3"等式子,表示两个比相等的式子,叫比例。

④举例。

师:你能来编一个含有"比例"知识的练习题吗?我为大家提供一些信息,可以利用课件上的信息编练习题。

多媒体屏幕呈现以下信息:

12名女生　　　3只苹果

6 名男生　　　6 只苹果

450 克　　　2 张桌子

900 克　　　4 张桌子

教师给出示例：

a.2 张桌子可以坐 6 名男生,4 张桌子可以坐 12 名女生。每张桌子坐的人数一样多。这能组成比例：6∶2＝12∶4。

b.3 只苹果重 450 克,6 只苹果重 900 克,每只苹果一样重。这能组成比例：450∶3＝900∶6。

c.6 人分吃 3 只苹果,12 人分吃 6 只苹果,每只苹果分吃的人数一样多。这能组成比例：6∶3＝ 12∶6。

问：7 只苹果可以给几个人吃？48 人需要几只苹果呢？

先让学生独立思考,然后请学生板书,并说出自己编的练习题,全班学生一起交流。

教师在学生交流中随机追问,形成新的问题,如：同一个比例 450∶3＝900∶6,编不同的练习题。

(5)回顾总结

学生总结收获。

师：今天初步认识了比例,知道了像这样表示一样甜、一样贵、一样快的相等关系,可以用比例表示。我们在今后还将继续学习比例。

设计意图：比例研究的是两个量之间商的关系不变的问题,这类问题的情境素材很多,大部分素材还是学生比较熟悉的生活情境。我们用这些情境作为学生感悟比例关系的基本素材,如饮料配比问题、速度问题、价格问题,等等,让学生经历体验、表征、对比、建构等系列活动,构建"一样"的表征,感悟比例的本质,为后续正式学习比例的知识做知识、活动经验上的准备。

5.3.4　高年级认识比例系列课教学设计

经过上述的系列课教学,你是不是认同学生已经对比例有一定的感悟,也积累了一定的活动经验这一观点？在高年级的认识比例教学中,我们需

比例的意义教学研究

要让学生经历比例的形成过程,正确理解比例的意义,并能尝试用比例解决问题,提升用比例解决问题的思考策略水平。在前面的同课异构一节中,我们从教材、学生、教学方式、教学价值等不同维度进行了教学设计,这些设计都可以用于高年级系列课的课堂,当然我们也可以基于系列课的主素材来设计教学。

【教学过程】

(1)创设情境,让学生感知对应关系

师:小红将 5 mL 蜂蜜、40 mL 矿泉水调制成蜂蜜水,觉得口感非常好,于是用 60 mL 蜂蜜、480 mL 矿泉水调制了更多的蜂蜜水并与朋友们分享。这两次调制的蜂蜜水味道一样吗?为什么?

预设学生判断的方法:(1)计算每毫升蜂蜜放多少水;(2)用倍比关系解决。

师:小红想要知道每杯蜂蜜水的味道,需要记录一下每杯蜂蜜水的配比。你能帮小红填一填下表吗?

蜂蜜(mL)	5	15		60	
矿泉水(mL)	40		400		600

设计意图:从学生熟悉的情境引入,能迅速激发学生的学习热情。这里选用的素材是系列课的主素材,但数据的类型从离散量调整为连续量,丰富了系列课中数据的类型,同时也提升了问题解决的难度。这里,学生在对数据初步感知的基础上,通过填表的方式,进一步感悟两个量之间的关系。教师在教学中渗透函数关系的认知,使学生的推理过程逐渐脱离具体情境,而在抽象的层面上展开,能提升其思维水平。

(2)自主探究,发现变化规律

师:说说你是怎么填表的,发现了什么规律。先独立探究,然后在小组中交流。

通过全班交流,得到:蜂蜜的量和矿泉水的量的比值都是 $\frac{1}{8}$。

$$\frac{5}{40} = \frac{15}{120} = \frac{50}{400} = \frac{60}{480} = \frac{75}{600} = \frac{1}{8}$$

师:通过观察、计算,我们发现每一组蜂蜜的量与矿泉水的量的比值都是相等的,因此我们可以写出很多的等式,如:$\frac{5}{40}=\frac{15}{120}$、$\frac{15}{120}=\frac{50}{400}$、$\frac{60}{480}=\frac{75}{600}$等。

(3)举例验证,理解比例的意义

①出示练习题:你能找到相等的比吗?算一算,写一写,并将相等的比写成等式。

a.妈妈买了红、黄两种颜色花:

信息\颜色	红花	黄花
总价/元	20	15
数量/朵	4	3

b.两位叔叔开车,张叔叔2小时开了160千米,李叔叔3小时开了240千米。

②在交流反馈练习 a、b 后小结:像这样$\frac{5}{40}=\frac{15}{120}$、20∶4=15∶3、160∶2=240∶3的等式叫作比例。

师:你能用自己的话说说什么是比例吗?

在学生交流的基础上得出:表示两个比相等的式子叫作比例。

设计意图:这两个素材在前面的系列课中出现过,但练习的侧重点不同。安排这一练习,意在让学生在熟悉的情境、熟悉的数量关系中提炼、概括比例的意义,帮助学生理解其含义。

(4)练习巩固,加深对比例的意义的理解

①出示练习题

a.判断:下面各表中相对应的两个量的比能组成比例的是( )

A.
年龄/岁	12	14
身高/m	1.4	1.6

B.
路程/km	30	45
时间/h	2	3

》 比例的意义教学研究

C.
总价/元	100	200
衣服数量/件	5	10

D.
箱子数量/个	2	8
质量/kg	30	120

b.（a）画一画：

在下面的格子图中画出与图中长方形形状相同但大小不同的长方形。

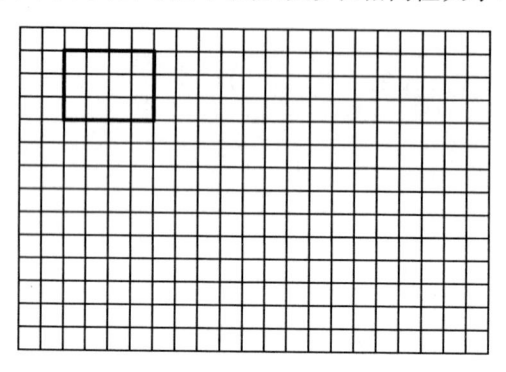

在下面的格子图中画出与图中长方形面积相同的长方形。

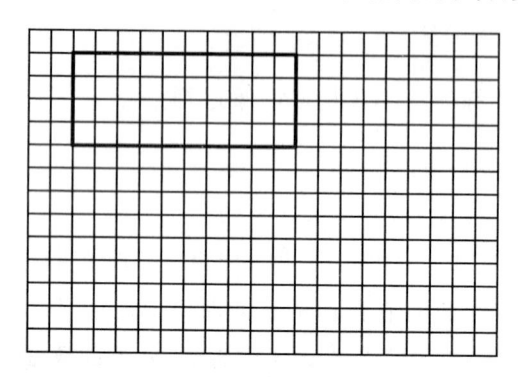

（b）比较两次所画的长方形，说说你有什么发现。

预设学生的发现：第一幅格子图中的长方形，只要长与宽的长度比值不变，保持为 4∶3，那么长方形的形状就相同；而第二幅格子图中的长方形要求面积不变，那么长的长度扩大，宽的长度反而要缩小。

（c）根据你在第一幅格子图中画的长方形，写出比例式。

先独立思考，然后小组讨论。

设计意图：这里安排了两组练习，在知识结构上，由浅入深，引导学生进一步理解比例的意义。第一组是基础练习,但判断对应量能否组成比例,对学生来说并不是一件容易的事,尤其类似年龄、身高这样的量,这些量很有迷惑性。因此学生要明确比值的含义,在此基础上理解比例的意义。第二组是提高练习,安排两次画长方形,在操作、对比过程中明确:长方形形状不变,也就是长与宽的长度比值要保持一定;而长方形面积不变,也就是长与宽的乘积要保持一定,长与宽的长度都要发生变化。这样的练习,让学生既巩固了比例的意义的知识,渗透了函数思想,也积累了用比例解决问题的活动经验,提升了用比例思考问题的策略水平。

5.3.5 系列课研究对教学的启示

系列课的教学设计,试图从整体、关联的角度编排比例的相关知识、基本活动,使学习内容更具整合性、延续性。这一系列课打破了传统的只建立在完善知识体系下的六年级概念教学模式,提供了一种更多关注学生的理解、能力的培养、活动经验的积累,注重知识结构发展过程的教学可能,也为拓展课程的建设提供了参考。当然,我们的认识比例系列课还很不成熟,各年级教学设计的实践经验还不够丰富,但它或许能在研究系列课中教什么、怎么教、怎么学的问题上,提供一些参考,也能使我们的比例教学多个研究的视角。

6 拓展话题

我们先来做个热身游戏,请你试着解决下面的问题:

①小红买 5 本练习本花了 30 元钱,买 10 本练习本要多少钱?

②小红今年 5 岁,爸爸 30 岁。当小红 10 岁时,爸爸多少岁?

对你来说解决这两个问题,当然不难,也许还会有人脱口而出:结果的数值是一样的。

嗯?感觉哪里不对吗?哈哈,确实,这是两个貌似结构相同实则不同的数学问题。因为对比例推理的过度使用,以至于我们在解决问题的过程中出现了错误。那么,什么是比例推理?比例推理有价值吗?比例推理与比例有什么关系?关于比例的教学,我们还可以做哪些研究?本章将从概念研究、校本研究两个角度与你聊聊跟比例有关的几个话题。

6.1 比例推理

通过前面几章的阐述,相信你已经清楚,小学数学中的"比例"是一个有明确定义的概念:表示两个比相等的式子叫作比例。它有着特定的内涵与外延。数学中比的概念是:a 与 b 的比表示两个数或两个量 a 和 b 相除,可以写作 $a:b$ 或 $\frac{a}{b}$。这个比 $\frac{a}{b}$ 是一个倍数关系,$\frac{c}{d}$ 同样也是,$\frac{a}{b}=\frac{c}{d}$ 则是两个关系之间的关系。学生要了解这个数学结构,先要理解乘法结构和倍数关系,还要建立等值的观念,知道这两个关系是等值的。当我们将这个数学结构应用于生活情境时,还得有推论、预测、判断等能力。如买 1 kg 苹果需要

10元钱,那么买2 kg苹果就需要20元,买3 kg苹果则需要30元,这样的思考过程就是比例推理。

概括地说,比例推理是关于数量关系的思考,是使用代数方法解决比例问题的能力。比例推理除了包括比例的意义的内容,还包括顺序、相等、整体与部分关系等。

比例推理的应用领域非常广泛,除了数学领域,艺术、建筑等领域都运用了比例推理的知识。我们在前面就提到过,黄金比例被认为是建筑和艺术中最理想的比例。雕塑造型、摄影布局、建筑设计,还有作曲时高潮部分音符出现的位置等,这些都运用了比例推理的知识。我们在日常生活也经常用到比例推理,如:根据行驶的路程与油耗,估计剩余的油量够不够走完余下的路程;选择哪一款商品性价比更高;选择哪种电信套餐更划算,等等。

6.1.1 比例推理研究探析

有关比例推理的正式研究始于Winch,比较多的研究成果问世于二十世纪七八十年代,但这一时期的研究成果更多属于认知心理领域。近年来,国内外研究者在数学学科领域就"学生如何学习比例的概念,如何进行比例推理"这一主题进行了大量的研究。

皮亚杰和他的助手最先注意到儿童和青少年在比例推理的定性和定量特征,不过他们的研究涉及的大多是线性函数关系中相互依赖的两个或多个变量,如玩具车的车轮滚动一、二或多个圆周时,玩具车所移动的距离。皮亚杰做这些研究的主要目的是弄清儿童在函数、概率、速度以及变量补偿效应(也就是分半累加原则)等概念上的发展。为了描述被测试者的比例推理能力的特征,皮亚杰把比例推理的发展分为三个阶段:早期阶段,根据数字对应和排列顺序的定性关系进行思维活动;中期阶段,采用加法补偿原则或用2∶1比式关系解决比例问题;高级阶段,无论数值和比例关系如何,一概采用比例推理进行运算。之后又有许多研究者在皮亚杰的这三个阶段的基础上继续研究。

Karplus、Pulos、Stage三位学者也进行过类似的研究,他们用调配柠檬汁饮料的比例问题来研究六年级、八年级学生的比例推理能力,并将学生在对比和调整问题时的反应归结为四种类型:类型 I(不完整的,非逻辑的)、类型 Q(定性的)、类型 A(加法的)、类型 P(比例推理的)。

Noelting 采用一套配制橘子汁的作业来研究比例推理问题,最后根据比式中各数值关系的特点将比例推理能力分为八个阶段。Noelting 提出"适宜建构理论",他认为,儿童比例推理的发展遵循一定的规律,当儿童在获得新体验后,将新体验与原有的认知结构进行整合,形成符合更高层次的比例推理的认知结构,从而引导儿童采用更高层次的策略,解决更高阶段的比例问题,这时,儿童比例推理的发展就进入了新的比例推理阶段。

苗丹民教授以西安某区 4~14 岁儿童为被测试者,研究了儿童比例推理能力及内部认知结构发展的一般规律。他认为:比例概念随着年龄的增长而逐渐发展,并经历七个内部认知结构不同的发展阶段,比例推理发展的一般规律是:从单维、定性、加法推理到两维、定量、乘法操作;从比差关系的认知到非整数倍函数关系的认知,等等。

多数研究者根据儿童对比式中数值关系的认知情况,将比例推理的策略分为:(1)加法策略(恒定差异策略)。这是低龄儿童经常采用的策略,也就是将数值关系看作比差关系,通过加减操作解决比例问题。尽管这种策略建立在非比例概念水平上,但为解决简单的比例问题提供了方法,是儿童比例概念发展过程中的一个必经阶段。(2)集合策略和单价比策略。集合策略是在一个比的乘法操作基础上,通过加法运算将这种关系扩展到第二个比中。例如,文具店 2 本笔记本卖 8 元,那么 6 本笔记本需要多少钱?思考的过程是:8 元钱可以买 2 本,8 元的两倍是 16 元,那么 16 元可以买 4 本;如果 8 元在此基础上再加一倍就是 24 元,能买 6 本。这种策略还能解决更复杂的问题,如 Hart 曾举了这样一个例子:15 cm 长的鳗鱼吃 9 cm 长的食物,那么多长的食物才够 25 cm 长的鳗鱼吃?儿童的思考的过程是这样的:25 比 10 多了 15,10 是 15 的 $\frac{2}{3}$,9 的 $\frac{2}{3}$ 是 6,这样 10+15 是 25,那么 9+6 是 15。单价比策略,又叫单位一策略,该策略在小学数学教学中被广泛采用。这一策略要求儿童首先要找出当一个量为单位一时,另一个量相当于多少个单位一这种比的关系,然后用倍乘的方法推断前者增加一定量后,另一个量应增加多少。Suarez 和 Hart 通过剪纸作业研究发现,使用 1∶2 比使用 3∶2 更容易成功地解决问题。(3)双复合乘法操作(比例公式策略)。使用这种策略须对比例中的四个量的函数关系有充分的了解,通常会选择计算比值,包括对复杂数值进行通分。

Lamon 认为不同的问题类型可能激发出不同的解题策略,她研究了问题内容与思考策略之间的关系,提出了五种比例推理策略:视觉或加法策略、建构组型策略(依据两种量之间的粗略关系)、前比例推理策略(借助图画、模拟、操作解题)、质的比例推理(以比为单位,使用关联思考并了解一些数量关系)、量的比例推理(理解比例的数量关系)。Lamon 认为有两种思考策略对于比例推理很重要,一是关联思考,二是建构单位的思考。所谓关联思考,是将问题情境中的重要信息关联起来。例如,两棵树在五年前分别是 8 尺和 10 尺,今年则分别为 14 尺和 16 尺,哪棵树长得快?在这个问题中,8 和 10 是相差 2 的关系,两棵树各长了 6 尺,14 和 16 是相差 2 的关系。如果注意到个别数字,而且有意将它们关联起来,就有了关联的思考策略:10 尺那棵树是比较高,但是增长速度不快,五年只长了 6 尺而已,8 尺那棵树反而长得快。$\frac{a}{b}$ 表示两个量之间的关系,也可以把它看成一个单位或一个值,这种处理方式对于比例问题的解决很重要。例如,一种笔记本,2 本要 8 元,6 本要 24 元,8 本要 32 元,怎么买比较便宜?解决问题时,如果将"2 本要 8 元"看成一个单位,用这个单位去比较其余的信息,便可以看出其实都是"每 2 本要 8 元",因此这 3 种买法一样便宜。

2015 年,杜莺对六至八年级学生进行了比例推理表现的研究。她将学生正确回答"糖水甜度比较"比例问题的策略分为四个:比值策略、加减策略、定性策略、猜测。

综上所述,国内外研究者对比例推理的研究都取得了丰硕的成果,尤其是比例推理在心理学领域上的研究,更多的是从实验的角度去研究。而数学学科领域尤其是教育教学上对比例推理的研究还是相对比较单薄的。

>> 比例的意义教学研究

6.1.2 比例推理的过度使用

比例推理的能力很重要,那么学生对它的掌握情况如何?让我们回到本章一开始提到的两道题:①小红买 5 本练习本花了 30 元钱,买 10 本练习本要多少钱?②小红今年 5 岁,爸爸 30 岁。当小红 10 岁时,爸爸多少岁?这两道题涉及的是两种不同的认知结构。

小学生的数学认知结构主要是加法结构和乘法结构,加法结构是数量的合并与多少的比较,是一种绝对量的考量。在加法结构的建构基础上,可以形成乘法结构,即乘法结构是在加法结构基础上产生的高层次的数学认知结构。当然,乘法结构只是部分依赖加法结构,它们都有自己特有的组织。乘法结构不是指单一的认识乘法,而是一个概念体系,其基本概念是乘法与除法,还包括与之相关的倍、比例、分数、相似性等,甚至面积、体积、表面积、速度等概念和定律。

像第②题计算年龄的问题,应考虑的是小红与爸爸的年龄差,或者考虑他们经过的年份数是一致的:小红从 5 岁到 10 岁,过了 5 年,那么计算爸爸的年龄也应利用"过了 5 年"这个信息,即 30+5=35(岁)。这原本应该是用加法解决的问题,很多学生却给出了"30×2=60(岁)"这样的答案。为什么会出现这样的现象呢?有研究指出,当学生熟练掌握了比例推理之后,他们容易"无时无刻"地使用比例推理,哪怕遇到的数学问题并不具备比例的特征,还是依然采用比例的方法解决,这种现象就叫比例推理的过度使用。

思考

在你平时的教学中有这样的现象吗?想一想,写一写。

这种现象产生的原因有多个,我们主要来分析其中两个原因。

Suarez 认为:比例的基本特征是 x 和 y 两个变量之间相互依赖的线性关系,比例概念的发展离不开线性函数。学生在学习中遇到的比例问题经常以缺值形式出现,即在问题中,分别给出 a、b、c 三个数,要求算出第四个数 x,使得 $\frac{a}{b}=\frac{c}{x}$ 或 $\frac{a}{c}=\frac{b}{x}$。在缺值形式的问题中,a 与 b、c 与 x 之间或 a 与 c、

6 拓展话题

b 与 x 之间有相同的线性关系,它们的比值相等。例如:小红买 5 本练习本花了 30 元钱,买 10 本练习本要多少钱?在这个问题中,$\frac{5}{30}$ 与 $\frac{10}{x}$ 有相同的比值,$\frac{5}{10}$ 与 $\frac{30}{x}$ 也有相同的比值,因此利用已知比就可以求出未知数 x 即问题答案。经过一定的练习,学生将这类问题的表面呈现结构作为一种提示题型的线索储存在大脑中,遇到同类问题时就会激活此类比例问题的解决策略,从而促进比例问题的解决。学生越是熟练,这种关联性越强。但是,当遇到表面相似实则不同的加法问题时,激活的比例问题解决策略反而会导致错误的解答。

除了上述原因,题目中数字的特征也会诱导学生使用比例推理。小红今年 5 岁,爸爸 30 岁。当小红 10 岁时,爸爸多少岁?由于题中小红的年龄 10 是 5 的 2 倍,因此学生很容易根据比例推理的策略联想到用"$30×2=60$(岁)"来计算爸爸的年龄;换一种思路,爸爸的年龄与小红的年龄数之间也存在一个整数比 $\frac{30}{5}=6$(岁),因此容易导致学生用比例推理的策略来解决问题,即用"$10×6=60$(岁)"来计算爸爸的年龄。Van Dooren 等人在 2009 年的研究中进一步证实,题目中的数字比会影响学生对比例推理的误用。他们发现:如果题目中的数字比是整数,那么学生运用比例策略解题的倾向会增加。如果在年龄问题中将数据改成非整数比的类型,如"小红今年 5 岁,爸爸 32 岁。当小红 9 岁时,爸爸多少岁?"那么学生就不容易在加法问题上错误地使用比例推理来解决问题了。

> **试一试**
>
> 请快速完成下列各题。
>
> 1. 小红和小东用同样的小方块玩搭高楼游戏,小红用 8 个小方块搭了高 24 cm 的楼。小东用了 5 个小方块,他搭的楼高为多少厘米?
>
> 2. 小红和小东用同样的速度折纸飞机,小红先折。当小红折了 8 个纸飞机时,小东折了 5 个。那么,当小红折到 24 个时,小东折了多少个?

比例的意义教学研究

> 3. 一个长方形长 8 cm，宽 5 cm。现在要重新画一个宽 24 cm 的长方形，要使新长方形与原来的长方形形状保持不变，那么新长方形的长应是多少厘米？
>
> 4. 做草莓酱时，每 8 kg 的酱用 5 kg 糖。现有 24 kg 糖，可以做多少千克草莓酱？
>
> 5. 有两棵大树，一棵从 5 m 长到了 8 m，另一棵从 24 m 长到了 27 m。哪一棵长得快？

"试一试"中的五道题中都用了 5、8、24 这三个数，它们在不同的情境中代表了不同的数量，也形成了不同的数量关系，那么你都解答正确了吗？是否感受到了比例推理的误用、过度使用情况？

（"试一试"参考答案：15 cm；21 个；38.4 cm；38.4 kg；从 5 m 长到 8 m 的大树）

6.1.3 比例推理研究对教学的启示

《美国学校数学教育的原则与标准》中提道：学生运用比例进行推理的能力发展阶段主要是五至八年级。这一能力相当重要，我们要确保学生很好地发展此能力。不论为此花费多少时间和精力，它都是值得的。比例推理的能力很重要，但有研究指出：有些成年人甚至终身都无法获取完整的比例概念，也如上面阐述的那样，有过度使用比例推理的现象。这就给我们的教学提出了更高的要求：①让学生在理解的基础上学习概念，通过自主观察、操作、计算、比较等活动，正确建构比例的意义；②加强对数量关系的分析，尤其注意，要让学生正确理解变量与变量之间的关系；③让学生在辨析中提升解决问题的能力。当学生出现比例推理误用、过度使用的情况时，不要总是归因于学生不认真、不仔细等，要引导学生从对数量关系的理解入手，让学生通过分析、比较来加深对问题本质的理解，从而提升解决问题的能力。

6.2 校本教研方案

所谓校本教研,就是为了改进学校的教育教学,提高学校的教育教学质量,从学校的实际出发,依托学校自身的资源优势和特色进行的教育教学研究。数学校本教研是以促进学生全面发展和数学教师专业进步为目的,以数学教学实践中发现的各种问题为研究对象,以数学教师为研究主体,以专业研究人员为合作伙伴,以校为本的实践性研究活动。校本教研强调理论指导下的实践性研究,既注重解决实际问题,又注重经验的总结、理论的提升、规律的探索和教师的专业发展,是促进师生成长、深化课程改革的重要策略。

数学校本教研从本质上来说是教师自身的教育学习活动,目前比较多的是以课例为载体开展活动。比较常见的形式是一位教师上课,教研组其他教师听课评课。这样的形式突出了数学教师专业发展的特点,但是往往只有执教教师在教学前,对教学内容进行过投入思考,其他教师则是从开始听课那一刻起才思考关于这节课的内容。我们说,教研活动应该是教师学习的过程,需要看到结果,但更需要强调过程。对于那些听课的教师来说,他们并没有经历听课前的研究过程,所以在整个教研活动中的整体参与度不够。正因为没有对研究的课例进行深入思考,所以听课后的交流显得相对肤浅,深度不够,这样的教研活动有效性较低。

就校本教研的价值而言,目前关注外在形式的比较多,基本以听课、评课、说课为主,这三种模式的教研活动重视数学教师教学技能的形成,但是对思考问题的启发性不够强。也就是说有的教师会模仿示范课的教学环节却不知道其中的教学原理。理想的教研活动不仅能使数学教师获得某些具体的操作技能,而且还能启发教师对数学教学问题的思考。而数学教师能发现问题、提出问题,才能真正进入校本研究,才能够增加自己的收获。

那么,如何发挥校本教研的独有价值,以触动数学教师对教学内容进行深层次的理解与把握,提高教师对教学方式、价值取向的诊断与选择,完善教师对教材、教法、学法的三边辩证思考? 一直是值得我们深思的问题。

比例的意义教学研究

苦寻良久，终得良方。全国著名特级教师朱乐平所设计的系列校本教研活动方案，以"阅读·思考·交流·发展"为主要方式，以问题串的形式贯穿整个活动方案，将本体性知识的学习价值、教育数学的合理解读、教学方式选择的自我思辨、多角度交流模式的目的和意义进行了深入浅出的讲述，不仅革新了教研活动的形式，更关注到了数学内容的内涵扩展方向和实施的优化途径，为学校校本教研提供了一种全新的范式，为教师的专业成长提供了一条有效的途径。以朱老师的校本教研方案为蓝本，我们设计了关于比例教学的校本教研方案，并展开了实践活动。

【校本教研方案】

(1) 活动目标

①让参与校本教研的所有教师经历阅读、思考、解答等过程，并与同伴交流收集的有关比例的意义的相关资料和在资料中发现的问题。

②参与教师能进一步明确比例的意义，能基于现代教学理念设计基本教学过程。

③提高参与教师的教材比较能力和教学水平。

(2) 活动内容与时间

①教研组教师每人自己安排时间阅读并独立解决"活动前准备"中的一些问题，可以选择自己感兴趣的问题，当然也可以是教研组规定思考、讨论、交流的问题，时间约1小时。再以年级组（或教研组）为单位集中交流问题，时间约1小时。

②从教研组中选择两位教师上比例的意义的研究课，全组教师听课、评课。时间约2小时。

(3) 活动前准备

请每一位教师在活动前认真阅读、独立思考下面的问题，1小时后在教研组中交流。

①想一想、写一写，在小学数学教材中，怎样表述比例的意义？

②先阅读下面的对话，然后回答问题。

甲：什么是比例的意义？

6 拓展话题

乙：表示两个比相等的式子叫作比例。

甲：那什么叫"两个比相等"呢？

乙：两个比，如果比值相等，就叫作两个比相等。

甲：有两个比，比值相等，它们一定能组成比例吗？

乙：当然，教材都是这么写的。

甲：我来说两个例子，一辆小轿车2小时行驶了160千米，3小时行驶了240千米；张明用柠檬汁泡水，他在5毫升的柠檬汁中加了400毫升水，又在8毫升的柠檬汁中加了640毫升水。现在请你来写一写两个相关联的量相比的比值。

乙：这个难不倒我。

2小时行驶了160千米：$2:160=\dfrac{1}{80}$

3小时行驶了240千米：$3:240=\dfrac{1}{80}$

5毫升的柠檬汁中加了400毫升水：$5:400=\dfrac{1}{80}$

8毫升的柠檬汁中加了640毫升水：$8:640=\dfrac{1}{80}$

甲：你肯定已经发现了，这里出现的四个比的比值都是$\dfrac{1}{80}$，结果都相等，但是例子中的"2∶160"与"5∶400"这两个比显然不能组成比例，因为其实际意义不同，只有"2∶160"与"3∶240"这两个比，或者"5∶400"与"8∶640"这两个比，才可以组成比例，即"2∶160＝3∶240""5∶400＝8∶640"。因此我们说，不同类量的两组对应值相比，不仅比值应该相等，而且实际意义也要相同才可以组成比例。

乙：嗯，你说的也有道理。

问题：

a. 你认为他们说的都是正确的吗？

b. 小学数学中有很多概念的表现形式，如图画、文字等，对于比例的意义，教材是用哪种形式来揭示概念的呢？你认为这样的形式好吗？为什么？

>> 比例的意义教学研究

c. 在教学中需要告诉学生"同类量""不同类量"的概念吗？

d. 有人说"40∶15＝40÷15＝8∶3"这个等式就是比例，你认为这种说法对吗？为什么？

③成比例的四个数能写出多少个比例式。试一试，写一写。

④有人说，比例可以分为正比例和反比例，你同意这样的观点吗？为什么？

⑤请你先阅读下面命题的证明过程，再证明另一个命题。

a. 已知：$\dfrac{a}{b}=\dfrac{c}{d}$（$a$、$b$、$c$、$d$ 都不等于零）。求证：$\dfrac{b}{a}=\dfrac{d}{c}$。

证明：∵ $\dfrac{a}{b}=\dfrac{c}{d}$，

∴ $\dfrac{a}{b}\times bd=\dfrac{c}{d}\times bd$（等式性质），化简得到 $ad=cb$。

∵ $\dfrac{ad}{ac}=\dfrac{cb}{ac}$（等式性质），

∴ $\dfrac{b}{a}=\dfrac{d}{c}$。

已知：$\dfrac{a}{b}=\dfrac{c}{d}$（$a$、$b$、$c$、$d$ 都不等于零）。求证：$\dfrac{a}{c}=\dfrac{b}{d}$。

b. 已知：$\dfrac{a}{b}=\dfrac{c}{d}$（$a$、$b$、$c$、$d$ 都不等于零）。求证：$\dfrac{a+b}{b}=\dfrac{c+d}{d}$。

证明：∵ $\dfrac{a}{b}=\dfrac{c}{d}$，

∴ $\dfrac{a}{b}+1=\dfrac{c}{d}+1$（等式性质），即 $\dfrac{a}{b}+\dfrac{b}{b}=\dfrac{c}{d}+\dfrac{d}{d}$。

∴ $\dfrac{a+b}{b}=\dfrac{c+d}{d}$。

已知：$\dfrac{a}{b}=\dfrac{c}{d}$（$a$、$b$、$c$、$d$ 都不等于零）。求证：$\dfrac{a-b}{b}=\dfrac{c-d}{d}$。

⑥请你读一读北师大版教材六年级下册第16页中比例的认识第一课时教学内容，并回答问题。

问题：

6 拓展话题

a.为什么教材要引导学生"想一想,怎样的两张图片像,怎样的两张图片不像"?

b.图片像不像与比例有什么关系?学生能理解吗?

c.什么叫"比相等"?

⑦请你读一读人教版教材六年级下册第 40 页和浙教版教材六年级下册第 4 页关于比例的意义的主题图,思考并回答问题。

问题:

a.在素材的选用上,人教版教材用了一组素材,而浙教版教材用了两组,你觉得哪一种合适?为什么?

b.人教版教材呈现了一组相等的比,由此引出比例的概念。而浙教版教材将主题图中所有的相等的比都找出来了,在此基础上揭示比例的意义。你喜欢哪一版本教材的编写方式?为什么?

c.在揭示比例的意义之前,浙教版教材有一个提示:两个比的比值相等,也就是两个比相等。你觉得这个提示有什么价值?你喜欢这样的提示吗?为什么?

⑧比例的意义教学有多种导入方式,请自行查阅《在比较中明晰导入的价值——"比例的意义"教学导入》一文,思考并解决下面的问题:a.文中所提及的导入方式各有什么特点?你喜欢哪一种导入方式?为什么?b.还可以设计哪些不同的导入方式?c.选择你喜欢的一种导入方式,想一想,可以设计怎样的教学环节?

⑨比例和比是两个不同的概念,它们之间既有联系又有区别。你认为在比例的意义第一课时教学中需要设计比例和比的对比环节吗?为什么?

⑩练习是检测学生是否掌握知识、形成技能、发展智力的重要载体,也是衡量教师在课堂教学中是否突出重点、突破难点、教学到位的重要手段,因此课堂练习具有诊断、补救等功能。很多教师在比例的意义第一课时教学中安排的练习大多是判断两个比是否能组成比例,或者给出一组相似三角形中对应的四个数,要求找出比例。除了这样的练习,你还能设计出怎样的练习?想一想,试一试。

>> 比例的意义教学研究

（4）活动过程

活动过程是一个交流、讨论与总结提升的过程。交流与讨论"活动前准备"中的十个问题。

①小组交流：每位组员在小组中发表自己的观点，由一位教师负责记录主要观点，最后形成本组观点综述。

②教研组交流：每个小组推荐一位教师代表本组进行汇报，由一位教师负责记录每个小组的主要观点。

③课堂教学研讨：同课异构"比例的意义"。研讨课后进行互动交流，主要方式是议课、评课。

④对活动进行总结与回顾，并请每位参加活动的教师撰写活动反馈单。

（5）活动设计说明

本活动方案在设计时强调：①教师要重视对教学内容的上位知识的理解，并结合上位知识，将知识点教学到位；②重视对教材的研读，在对比中厘清教材脉络；③在同课异构中提升教学水平；④通过一系列活动让教师们增加阅读量，逐步养成阅读的习惯，提升独立思考能力，提升发现问题、提出问题和解决问题的水平，并在与同伴的交流中相互启发，达到共同发展的目的。

参考文献

[1]理查德·莱什,玛莎·兰多.数学概念和程序的获得[M].孙昌识,苗丹民,等译.济南:山东教育出版社,1991.

[2]李文林.数学史概论[M].北京:高等教育出版社,2000.

[3]课程教材研究所.20世纪中国中小学课程标准·教学大纲汇编:数学卷[M].北京:人民教育出版社,2001.

[4]克莱因.古今数学思想:第1册[M].张理京,张锦炎,江泽涵,译.上海:上海科学技术出版社,2002.

[5]梁宗巨,王青建,孙宏安.世界数学通史[M].沈阳:辽宁教育出版社,2004.

[6]全美数学教师理事会.美国学校数学教育的原则和标准[M].北京:人民教育出版社,2004.

[7]金成梁.小学数学课程与教学论[M].南京:南京大学出版社,2005.

[8]鲍建生,周超.数学学习的心理基础与过程[M].上海:上海教育出版社,2009.

[9]曹一鸣.十三国数学课程标准评介(小学、初中卷)[M].北京:北京师范大学出版社,2012.

[10]人民教育出版社小学数学室.基础数学[M].北京:人民教育出版社,2013.

[11]马云鹏.小学数学教学论[M].4版.北京:人民教育出版社,2013.

[12]人民教育出版社课程教材研究所小学数学课程教材研究开发中

心.义务教育教科书教师教学用书:数学 六年级 下册[M].北京:人民教育出版社,2014.

[13]朱乐平.圆的认识教学研究[M].北京:教育科学出版社,2014.

[14]姜荣富.长度测量教学研究[M].北京:教育科学出版社,2014.

[15]中华人民共和国教育部.义务教育数学课程标准(2011年版)[M].北京:北京师范大学出版社,2011.

[16]苗丹民.4—14岁儿童比例推理及认知结构的发展研究[J].心理学报,1991,23(2):167-177.

[17]朱乐平."阅读·思考·交流·发展"主题校本教研新范式——小学数学校本教研的问题分析与对策寻求[J].教学月刊:小学版(数学),2011(5):9-11.

[18]邵爱珠.在比较中明晰导入的价值——《比例的意义》教学导入[J].小学教学设计:数学,2015(1):24-25.

[19]方杏,郜舒竹.比例学习中的直觉与错误[J].教学月刊:小学版(数学),2019(5):4-9.

后　记

定这本书的内容纯属偶然！

2014年暑假，因为临时有事，没有参加朱乐平名师工作室研修。在那次的培训活动中，大家通过抽签决定了自己的研究课题。我没有经历那紧张刺激、令人热血沸腾的场面，却在同伴的代抽签下接到了任务，从此与"比例的意义"结下了不解之缘。

每一节课都值得认真研究！但一节课怎么写成一本书呢？

从最初的焦虑不安、茫然无措，到后来的坦然面对、欣然接受，这个过程中虽然有大量的阅读，但缺少提炼；虽然每每到了"比例的意义"教学时间，都会去做些实践研究，如学生前后测、学生访谈、教学设计、课堂实践等，但都比较随性。

在写作期间，是朱乐平老师的一次次鼓励与指导，是团队伙伴的激励与帮助，促使我静下心来，开始系统地阅读、思考、实践，慢慢地完成了书稿的写作。

记得前几年非常流行一个词，叫"幸福"，当时央视记者在采访中经常提及的一个问题就是：你幸福吗？从街头受助老人、环卫工人，到获奖时的莫言，都曾被问及。确实，幸福是人人追求和向往的。我常常扪心自问：我幸福吗？我的工作幸福吗？我的生活幸福吗？整日在学校奔波，在课堂中来回穿梭，身心疲惫、心力交瘁、未老先衰、头发花白，谈何幸福？整天处理琐事，为别人做嫁衣，无暇反思，谈何幸福？上班时间工作，休息时间看书、码字，没有时间逛街、聊天，谈何幸福？……

教师幸福的真谛是什么？幸福到底是什么？

前段时间看到一个脱口秀节目，那期正好谈幸福，主持人在开场时说：小时候，幸福是一件东西，得到后就是幸福；长大后，幸福是一个目标，达到了就是幸福;成熟后,幸福是一种心态,满足了就是幸福。

是啊,幸福是一种心态……

与家人相守,尽管握着老伴的手,就像左手握右手,但执子之手,与子偕老是幸福的;在充满阳光的午后,沏一杯茶,捧一本书,静静地享受阅读是幸福的;邀两三个好友,叙叙旧、谈谈天,也是幸福的……

学校每次组织各项教研活动,看着老师们对所教学科的热爱,形成一种积极向上的氛围,何尝不是一种幸福。

写作中遇到问题一筹莫展时,找到一本专业的书籍,一篇相关的文献,那是幸福的;遇到疑惑茫然时,得到朱老师的悉心指导、高位引领,那是幸福的;做学生访谈时,得到一种意料之外的解题策略,那是幸福的;将不同的教学设计在课堂中实践,看着孩子们的精彩表现,那更是幸福的……

尽管这本书孕育的时间有点长,但我很享受这几年的研究过程,她让我变得更安静、更从容,让我更清楚:扎实的教学基本功、精湛的教学技能、渊博的专业知识……这些都是促进小学数学教师专业成长的诸多因素。如果说拥有它们可以实现我们的教育梦想,那么"对小学数学教育的热爱"则是点燃它们的导线。就如一句广告语所说:"态度决定高度,高度决定视野",对小学数学教育的热爱,能点燃我们的工作激情,让我们享受数学教育的愉悦。在专业成长的过程中,还需要有一定的思辨能力。换句话说,思辨力就是他的成长力。因为有些东西教一教是可以的,但思考的深度和高度,则需要自己去揣摩、琢磨和锤炼的。

在此特别感谢朱乐平老师一直以来的鼓励与支持;感谢孙惠惠老师在很多问题研究中给出的建议与帮助;感谢秦碧芳、史晓艳、周晓辉、曹晓玲等老师的支持与陪伴;感谢江西教育出版社冯会珍编辑的严谨与耐心! 此外,在研究、著书过程中,还得到了其他很多专家与同行的悉心指导,在此一并表示感谢! 感恩有您! 特别感谢我的先生一直以来对我的理解、包容和支持!

水平有限,本书一定存在不足之处,敬请批评指正。

邵爱珠
2021 年 2 月于宁波